AUTOBIOGRAFÍA DEL TRAUMA

"Brillante, conmovedor y lleno de sabiduría. Lo bastante honesto y vulnerable como para sanar tu corazón roto y lo bastante visionario como para sanar tu corazón roto y lo bastante visionario como para que realmente aprendas de la curiosa mente del autor".

JACK KORNFIELD, AUTOR DE *LA SABIDURÍA DEL CORAZÓN*

"Este libro ofrece una mirada exclusiva a uno de los mayores líderes de nuestro tiempo en los campos de la espiritualidad y psicología. *Autobiografía del trauma* es una invitación poderosamente transparente, generosa y empapada de conocimientos al mundo personal de un hombre que creó uno de los modelos de sanación del trauma más impactantes de todos los tiempos. Sentí vértigo al contemplar su historia de transformación, persistencia, resiliencia y liderazgo. Este libro me impulsó a aplicar el conocimiento y percepción de Peter a mi propia práctica personal, cada vez más profunda, de retorno a la plenitud. Su trabajo promueve la sanación, la cohesión y un 'regreso a casa' a quienes estamos destinados a ser".

ALANIS MORISSETTE, ARTISTA, ACTIVISTA
Y DEFENSORA DE LA INTEGRIDAD

"Esta obra de canto de alabanza a la humanidad, escrita por uno de los pioneros del trauma y maestros sanadores más importantes del último medio siglo, es el relato de un extraordinario viaje del alma, del dolor abrasador a la alegría, del odio a uno mismo al amor propio. Cada una de sus páginas está impregnada de elocuencia poética, narración dramática, honestidad descarnada y conmovedora vulnerabilidad. Prepárate para quedar encantado e instruido y, sobre todo, prepárate para conmoverte".

GABOR MATE, M.D., AUTOR DE *EL MITO DE LA NORMALIDAD: TRAUMA, ENFERMEDAD Y [illegible]ACIÓN EN UNA CULTURA TÓXICA*, SUPERVENTAS DEL *NEW YORK TIMES*

"Un diario del alma desnudado con coraje sobre un hombre y su viaje hacia la plenitud. Levine relata con sinceridad y profundidad los traumas y experiencias que contribuyeron a consolidar su legado".

MARK WOLYNN, AUTOR DE *ESTE DOLOR NO ES MÍO*

"Estas memorias íntimas y auténticas de Peter Levine, creador del método Somatic Experiencing, pueden servirnos a todos de inspiración en nuestros viajes de sanación".

ESTHER PEREL, AUTORA DE *EL DILEMA DE LA PAREJA,*
SUPERVENTAS DEL *NEW YORK TIMES*

"Me conmovió profundamente la historia de Peter Levine, que se enfrentó a graves violencias y traumas de niño y cómo transformó esas heridas, restaurando psique, cuerpo y alma. Me conmueve la gracia y autenticidad con la que hizo uso de su propia herida profunda para ayudar a innumerables personas de todo el mundo a sanar las suyas. Después de la primera página, no pude dejar el libro. Lo acompañé en su viaje de sanación, como Quirón, el sanador herido. También encontré fascinantes sus "conversaciones" con Albert Einstein como "guía espiritual" interior, un mentor virtual en su búsqueda de conocimiento, sabiduría, plenitud y conexión".

EDITH EVA EGER, M.D., AUTORA DE *THE CHOICE: EMBRACE THE POSSIBLE* Y *THE GIFT: 14 LESSONS TO SAVE YOUR LIFE*,
LIBROS SUPERVENTAS DEL *NEW YORK TIMES*

"Los vulnerables relatos de Peter Levine sobre el apego y las heridas físicas infligidas en el bienestar en este doloroso pero esclarecedor conjunto de reflexiones revela el funcionamiento interno de su psique (alma, espíritu y mente), así como un atisbo del impacto de los mentores internos y externos que lo guiaron durante las distintas etapas de su vida. Las crudas realidades humanas que aquí se nos ofrecen pueden ser desencadenantes para algunos, pero también pueden servir como ejemplo de inspiración intelectual y valentía. En estas páginas vemos un viaje para desafiar el dogma, abrirse a las limitaciones de la ciencia lineal empírica y presenciar el escape de una visión sistémica de la emergencia y la importancia del cuerpo en la sanación. Es la apertura a servir de conducto de las verdades universales, lo que puede capacitarnos a todos para abrazar la plenitud de la vida incluso en sus momentos más difíciles".

DANIEL J. SIEGEL, M.D., AUTOR DE *CONSCIENTE*,
SUPERVENTAS DEL *NEW YORK TIMES*

"Este libro es un poderoso vehículo para una narración heroica. Fiel al título, en *Autobiografía del trauma* Levine ofrece al lector una visión sin filtros de sus traumas personales y su viaje de sanación. Como prominente terapeuta del trauma, no es de extrañar que su vida estuviera muy influida por la adversidad. Su propia historia define claramente su pasión por aliviar el dolor y sufrimiento de los demás, sobre todo en lo que respecta a las consecuencias de la adversidad infantil. Más allá de esto, a medida que Peter nos narra su testimonio, tenemos el privilegio de presenciar cómo reutilizó de forma heroica los conocimientos adquiridos a través de sus propias experiencias para no solo limitarse a un viaje de autosanación, sino a desarrollar modelos de tratamiento que están cambiando el mundo por su poderoso impacto positivo en la humanidad. En este libro conocemos de primera mano a este visionario audaz e intuitivo ser humano que convenció con valentía a la comunidad de la salud mental del importante papel que desempeña el cuerpo cuando experimenta el impacto del trauma, tanto al momento de expresarse como cuando sirve de compañero, a veces reticente, en el viaje de sanación".

STEPHEN W. PORGES, PH. D., CREADOR DE LA TEORÍA POLIVAGAL Y AUTOR DE LA *GUÍA DE BOLSILLO DE LA TEORÍA POLIVAGAL*

"La autobiografía de Peter Levine explora las profundidades de su historia de traumas nunca contada. La vulnerabilidad que comparte ayudará a los lectores a comprender por qué tomó el camino de convertirse en un sanador consumado. Creo que su nuevo libro inspirará a otros a compartir sus historias y encontrar un lugar de plenitud".

DIANE POOLE HELLER, PH. D., AUTORA DE *EL PODER DEL APEGO*

"Una caleidoscópica búsqueda personal de la sanación sexual. *Autobiografía del trauma* está escrito de una forma maravillosa y fluye a través de un sinfín de aspectos en constante transición. A veces este libro es desgarradoramente doloroso y personal. También es bastante científico, informativo e intelectual, destacando la influencia del Eros en el dejarse llevar y la expansión extática mientras se mantiene la consciencia consciente. Brillante, sobrecogedor y magistral".

DIANA RICHARDSON, AUTORA DE *TANTRA: AMOR Y SEXO, EL CORAZÓN DEL SEXO TÁNTRICO*, CAJA DE TRES VOLÚMENES

"Siempre nos intriga descubrir al auténtico hombre o mujer que hay detrás de un modelo, pero con demasiada frecuencia sus memorias son simples piezas de promoción. En cambio, en este extraordinario libro, Peter Levine revela con valentía su propio y grave trauma infantil con su subsecuente lucha por encontrar la intimidad, relatando hasta qué punto la conexión con lo divino influyó en su trabajo y en su vida. El método Somatic Experiencing es un poderoso enfoque para curar los traumas y me alegro de que Peter comparta la fascinante historia de su desarrollo y de su viaje de sanación. Me han conmovido especialmente los capítulos sobre sexualidad y espero que ayuden a la gente a ser más honesta y abierta consigo misma y con los demás sobre este delicado y sensible tema".

Richard C. Schwartz, Ph. D., fundador de Internal Family Systems

"Un viaje inspirador de trauma y triunfo; una unión de ciencia y chamanismo para transformar el trauma y restaurar la plenitud".

Joachim Bauer, M.D., profesor de medicina y neurociencia en la Universidad de Friburgo y la Universidad Psicoanalítica Internacional de Berlín

AUTOBIOGRAFÍA DEL TRAUMA

UN VIAJE DE SANACIÓN

PETER A. LEVINE

TRADUCCIÓN POR MARÍA TERESA TORO

Inner Traditions en Español
Rochester, Vermont

Inner Traditions en Español
One Park Street
Rochester, Vermont 05767
www.InnerTraditions.com

Inner Traditions en Español es un sello de Inner Traditions International

Título original: *An Autobiography of Trauma: A Healing Journey*, publicado por Park Street Press, un sello de Inner Traditions International.

ISBN 979-8-88850-190-0 (impreso)
ISBN 979-8-88850-191-7 (libro electrónico)

Impreso y encuadernado en China por Reliance Printing Co., Ltd.

10 9 8 7 6 5 4 3 2 1

Diseño por Priscilla Baker y maquetación por Alfonso Reyes Gómez.
Este libro fue compuesto tipográficamente en Garamond Premier Pro y se utilizó Span Compressed como tipo de letra de presentación.

Para enviar correspondencia al autor de este libro, envíele una carta por correo a la atención de Inner Traditions • Bear & Company, One Park Street, Rochester, VT 05767 y le remitiremos la comunicación, o póngase en contacto directamente a través de **somaticexperiencing.com.**

Este libro está dedicado con cariño a dos pilares significativos de mi viaje.

En primer lugar, a Laura Regalbuto, cuya inquebrantable orientación editorial ha sido un faro a lo largo de este esfuerzo. La astuta forma en que desafía las incoherencias o ambigüedades de mis pensamientos han sido verdaderamente indispensables.

En segundo lugar, a mi querido amigo Butch Schuman, que ha apoyado incansablemente a los organismos que promueven la sanación de niños traumatizados. Él hizo del mundo un mejor lugar.

Índice

PREFACIO

¿Por qué escribir este libro?

Aunque he pasado mucho tiempo en la escena pública, las personas más cercanas a mí pueden afirmar que soy tímido por naturaleza y, a veces, torpe. También soy una persona muy reservada, por lo que a menudo dudo al ser el centro de atención o cuando las miradas se dirigen a mí. Por eso, al decidir escribir este libro y exponer muchos detalles íntimos de mi vida, me siento desprotegido y vulnerable. Incluso más angustioso, como describiré en breve, es el hecho de que estar en la mira pudo haber puesto en peligro mi vida y la de mi familia biológica en un momento dado. Por eso, desde mi infancia, he tenido miedo de destacar o de llamar la atención.

La intención original de escribir estas páginas era desenterrar partes ocultas y repudiadas de mi pasado y de mí mismo y luego ayudarme a recomponerlas para que pudiera poseerlas y abrazarlas con plenitud. Mientras luchaba vigorosamente con la decisión de compartir o no mi historia contigo, tuve un sueño: Me encontraba de pie, al borde de un campo abierto, y en mis manos sostenía una pila de páginas mecanografiadas. Mientras contemplaba el prado, sentí una fuerte brisa que me golpeó por detrás, así que levanté los brazos y lancé las páginas al viento, para que aterrizaran donde mejor pudiesen. Y así, mi querido lector, ofrezco estas páginas personales y vulnerables de mi corazón al tuyo. Te invito a que me acompañes en este viaje de sanación atribulado y desafiante pero, en última instancia, fortalecedor.

Mi deseo es que estas memorias actúen como catalizador para ti, ilustrando a través de mis sentimientos y mi relato cómo se puede alcanzar paz y plenitud, incluso después de un trauma devastador. Espero que mi historia te anime a contar la tuya; tengo la firme convicción de que todos tenemos historias valiosas que contar y que compartirlas puede ayudarnos a crecer y sanar.

Por último, me pregunto lo siguiente: Si una historia contada es, también, una vida vivida, entonces una vez contada, ¿puedo dejarla ir? Al decidir lanzar estas páginas al viento, lo hago tanto por mí como por ustedes, mis testigos y lectores comprometidos. Así que me gustaría sumergirme en mis inicios, si me lo permites.

Dado que este libro trata de traumas crudos, puede suscitar en el lector sensaciones, emociones e imágenes difíciles. Si es tu caso, espero que lo tomes como una oportunidad para recibir orientación profesional. Para hablar con profesionales del método Somatic Experiencing puedes visitar: www.traumahealing.org.

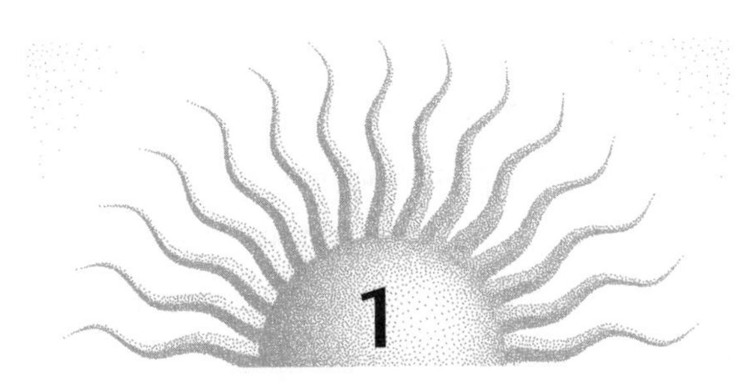

Nacido en un mundo de violencia

¿Qué es más cierto que la verdad?
Respuesta: la historia.

Refrán judío
(Tomado de un *Ted Talk*
de Isabel Allende)

Una historia en desarrollo

Todos tenemos nuestras historias que contar y esta es la mía; es mi verdad. Al igual que las muñecas rusas, se trata de una historia contenida dentro de varias otras. Como dijo mi buen amigo Ian, "la distancia más corta entre dos puntos no es necesariamente una línea recta". Esta memoria de historias anidadas relata el viaje de mi alma. Es el camino, a menudo solitario, de un misionero inadvertido, improbable y profundamente defectuoso.

Uno de los pilares del método de sanación de traumas, que he desarrollado durante los últimos cincuenta años, parte del principio de que no pedimos a la gente que confronte directamente sus traumas. En lugar de ello, la animamos con delicadeza a acercarse a la periferia de estas sensaciones, emociones e imágenes difíciles y le ayudamos a acceder primero a ciertas experiencias corporales positivas fundamentales. Lo que sigue es un ejemplo de cómo visitar algunos recuerdos positivos concretos como preparación para afrontar un episodio aterrador de agresión sexual. Empecemos describiendo dos de mis experiencias infantiles de anclaje y alegría: ambas fueron tremendamente emocionantes, pero también encarnaron la seguridad y la calidez del amor generoso.

Una sorpresa de cumpleaños

Aunque tuve una infancia repleta de violencia y amenazas de muerte, hubo algunas ocasiones en las que me sentí querido y protegido. Recuerdo estas dos experiencias que me dejaron un sentimiento pleno y abierto en el corazón y con alegría en el paso. Creo que estas huellas sensoriales y emocionales me ayudaron a sobrevivir a lo que de seguro podría haberme destruido.

La mañana de mi cuarto cumpleaños me desperté con un gran regalo. En la mitad de la noche, mientras yo dormía profundamente, mis padres habían entrado con sigilo en mi dormitorio y habían colocado debajo de mi cama, hasta el fondo de la habitación, las vías de un tren eléctrico Lionel. ¿Te imaginas mi alegría cuando me desperté con el ruido metálico del tren al circular por las vías? Al instante, salté de la cama y corrí hacia el transformador, donde podía controlar la velocidad del tren, e hice sonar la bocina con alegría. Creo que esta sorpresa me dio una sensación de asombro y de ser querido y cuidado. Al reflexionar sobre este recuerdo, me viene a la memoria una época más temprana en la que experimenté una alegría rebosante al recibir un abrazo que me hizo sentir muy especial.

Cuando yo tenía unos dos años, mi padre trabajaba como jefe de monitores en un campamento de verano de Nueva Inglaterra. Gracias a una foto en blanco y negro, tengo un "recuerdo corporal" de él, de pie en la piscina. Recuerdo que corrí y salté a la piscina. Mi padre se aseguró de que no me ahogara mientras el agua me cubría y mi cuerpo se sumergía. Aún puedo sentir cómo me tomó de las caderas con cuidado, elevándome por encima del agua y depositándome sobre la hierba al borde de la piscina. Entonces lo hacía de nuevo: retrocedía y corría una y otra vez, a toda velocidad por el césped, y saltaba a la piscina a los acogedores brazos de mi padre. Después de muchos saltos, el agua se convirtió rápidamente en mi amiga. Mi padre me sujetaba con suavidad, mientras, boca abajo y con brazos extendidos, yo daba patadas y hacía mis primeros movimientos de natación. A raíz de esta introducción, me enamoré de la natación. Más tarde, de adulto, siempre me llamaban los lugares, en un lago o en el mar, donde pudiese volver a dejarme abrazar por el agua.

Mantener estos "recuerdos corporales", como ser cuidado, me ayudó a afrontar muchos momentos de gran angustia, logrando no quedar completamente abrumado y aniquilado. En años posteriores, estos recuerdos apoyaron mi viaje de sanación para resolver el siguiente trauma.

Un momento de terror violento

Cuando era niño y hasta mi adolescencia, mi familia sufrió intimidación prolongada de la mafia neoyorquina, lo que ponía en peligro nuestras vidas,. Mi padre fue llamado como testigo para declarar contra Johnny "Dio" Dioguardi, un despiadado mafioso de la familia criminal Lucchese*. En un intento de protegernos a mi madre, a mí y a mis hermanos pequeños de una muerte casi segura, mi padre se negó a testificar contra Johnny Dio, aunque se lo exigiera el joven y ambicioso Robert F. Kennedy, entonces abogado en jefe del comité del Senado de Nueva York contra el crimen organizado. Véase la lámina 1 para ver una foto de Johnny Dio que claramente vale más que mil palabras.

Para asegurar el silencio de mi padre, a la tierna edad de unos doce años fui víctima de una brutal violación por parte de una banda perteneciente a la mafia del Bronx, probablemente las Dagas de Fordham†. Este violento incidente ocurrió bajo unos densos arbustos cubiertos de maleza en un parque del barrio, un lugar que antes había sido un patio de recreo y un refugio preciado para mí. La violación fue un secreto que mantuve oculto a todo el mundo, sobre todo a mí mismo. Pero aunque el hecho permanecía enterrado en los recovecos de mi mente, mi cuerpo lo "recordaba". Todos los días, cuando iba a la escuela, mi cuerpo se tensaba y mi respiración se entrecortaba, como si todo mi ser estuviera hipervigilante, preparándose para otra agresión. Pero aun más destructivo que esto era el miedo continuo, mientras agonizaba por la desintegración del tejido mismo de mi familia y, con ello, el colapso de cualquier sensación duradera de seguridad.

Nunca pude hablar con mis padres sobre esta agresión, ya que hacerlo habría confirmado la violencia que sufrí, así que quedó arraigada en lo profundo de mi psique como una sensación generalizada

---

*Johnny "Dio" Dioguardi (mencionado en las películas sobre la mafia *Buenos muchachos* y *El irlandés*) fue un sanguinario personaje del crimen organizado y chantajista laboral italoamericano. Es conocido por estar implicado en el atroz ataque con ácido que cegó y desfiguró al columnista Victor Riesel, a cargo de un reportaje sobre la mafia de Nueva York y los falsos sindicatos que ayudaron a Jimmy Hoffa a convertirse en presidente de los Teamsters.

†En un sitio web del Bronx, alguien escribió que cuando yo vivía allí, antes de 1953, había una banda llamada las Dagas de Fordham. Yo era demasiado pequeño para saber más que el hecho de que todo el mundo les tenía miedo.

de vergüenza y "maldad". Para desplazar estos horribles sentimientos, siempre evitaba pisar cualquier grieta de la acera cuando recorría, con sumo cuidado, el kilómetro y medio entre la escuela y la casa. Lo hacía como si de algún modo pudiera alejar la amenaza con ese ritual clásico. También, rezaba constantemente con la esperanza de que Dios me protegiera de otra agresión, y hasta me ponía la mano sobre la cabeza, imitando a los judíos ortodoxos, a pesar de que ninguno de mis padres era judío practicante, en ningún sentido. De hecho, cuando mi padre me veía hacerlo, me imitaba y se burlaba de mí, lo cual me daba miedo. Cuando reflexiono sobre esta desmoralización, sospecho que era su intento de desanimarme y creo que (al menos en su mente) intentaba "protegerme" de hacer el ridículo en público, donde las personas podrían despreciarme. Por desgracia, no funcionó; solo empeoró las cosas. Me sentí ridiculizado y humillado por él, además de estar solo por completo con mi miedo y mi ansiedad paralizantes.

Pasaron cuarenta años hasta que pude acceder y liberar el "recuerdo corporal" de aquella violación brutal. Entonces pude restablecer poco a poco una sensación de autocompasión y "bondad" duraderas. Lo que sigue es cómo desenterré y sané ese recuerdo.

Un sanador herido

Muchas décadas después, mientras desarrollaba Somatic Experiencing (SE), mi método para curar traumas, empecé, misteriosamente, a experimentar persistentes sensaciones perturbadoras e imágenes fugaces. Sentía una constricción y obstrucción en el estómago y la garganta causadas por una "flema" blanca y viscosa. Estos alarmantes síntomas siguieron acosándome, hasta que me di cuenta de que ya era hora de tomar una dosis de mi propia medicina. Como dice el refrán, siempre enseñamos lo que más necesitamos aprender. Quirón, el arquetipo del sanador herido, me estaba llamando*.

Al darme cuenta de mi aflicción, le pedí humildemente a uno de los profesores que yo mismo había formado que me ayudara a desentrañar los posibles orígenes de estos síntomas inquietantes. A medida que emprendía una exploración interna, empezaron a surgir los siguientes recuerdos. Cuando me centré, inicialmente, en mis sensaciones corporales y después en las imágenes perturbadoras, empezaron a surgir algunos movimientos internos enterrados en las profundidades.

Un viaje a la oscuridad

> *El trauma no es tanto lo que nos ha ocurrido sino más bien lo que guardamos dentro en ausencia de un testigo empático y mutuamente conectado.*
>
> P.A.L., *In an Unspoken Voice*

Lo que sigue incluye algunos detalles vívidos de una violación violenta, que pueden resultar perturbadores. La razón por la que he incluido estos detalles (aunque sean difíciles de leer) es para ilustrar

*En la mitología griega, Quirón era hijo del Titán Cronos y de la ninfa del agua Filira, a la que Cronos violó. Quirón fue herido dos veces: una al nacer y otra al final de su vida. La primera herida puede entenderse como una profunda lesión emocional por ser hijo de una violación que luego fue rechazado por sus dos padres. Apolo asumiría el papel de padre adoptivo. Al ser un centauro, Quirón era literalmente un monstruo, luego un huérfano y, por último, un marginado. Al ser mitad hombre y mitad animal, Quirón encarna el conflicto que existe en todos nosotros entre nuestros instintos animales y la razón o la divinidad; entre el salvajismo dionisíaco de los centauros y el orden apolíneo de su padre adoptivo. Sin embargo, cae firmemente del lado apolíneo y en muchos aspectos eclipsa al dios de la luz, dominando e incluso avanzando en las artes y las ciencias (techne y episteme) en un intento por compensar su temprano rechazo y demostrar, tanto a sí mismo como a los demás, que él también es digno de amor y aceptación.

que, incluso después de semejante calvario, si uno dispone de herramientas adecuadas y apoyo empático y competente, es posible sanar y dejar esos traumas en el pasado, adonde pertenecen.

Sentado frente a mí, mi colega y guía se fijó en un ligero arrastre de mis pies y gentilmente llamó mi atención sobre este movimiento sutil, casi imperceptible. De repente, me vino a la mente una imagen de cuando corría libremente por la ovalada pista de atletismo cercana al apartamento de mi infancia. Mi guía me animó a concentrarme en la fuerza y potencia de mis piernas durante aquella carrera. En el método Somatic Experiencing, solemos evocar la fuerza interior para cimentar sensaciones de empoderamiento, vinculadas a experiencias corporales positivas, antes de desenterrar, de forma gradual y con cuidado, el trauma.

Sentí que mi respiración se hacía más profunda y un placer expansivo empezó a fluir por todo mi cuerpo. Poco a poco, miré a mi alrededor y contemplé tan amado paisaje, refugio de mi infancia. Empecé a recordar y describir cómo anticipaba su acogedora magia cuando me dirigía a casa desde la escuela secundaria cada día. Normalmente, cuando llegaba a casa, como a las tres de la tarde, engullía un puñado de galletas de chocolate y menta de *Pepperidge Farm* y emprendía mi excursión rutinaria al *Reservoir Oval Park*, situado justo enfrente de nuestro edificio de apartamentos de seis pisos del Bronx, en el número 3400 de la avenida Wayne.

En lugar de caminar dos cuadras hasta la entrada del parque, cruzaba la calle y trepaba por la valla de hierro forjado para dirigirme a través de los arbustos hasta la pista de atletismo, donde disfrutaba de la fuerza de mis piernas mientras le daba la vuelta, corriendo. Esta triunfal liberación parecía ser el antídoto para mis extremidades inestables, debilitadas por el estrés continuo de las batallas legales de mi familia y nuestro miedo a la violencia de la mafia. Sentía cómo mis piernas, delgadas y temblorosas, se alineaban, se estiraban y cobraban fuerza sobre la pista de tartán. Partiendo de estos poderosos "estados de recursos" corporales, encontraba la fuerza y estabilidad muy necesarias en el ritmo de aquella carrera. Me regocijé en este recuerdo expansivo, hasta que empezó a infiltrarse en mi memoria una percepción más sombría. Al principio, era un desasosiego anodino, notable por mi respiración irregular y palidez facial. Afortunadamente, los recursos anteriores me dieron la confianza para poder ahondar más en mi angustia incipiente.

Refiriéndome a un día concreto de otoño, tuve la vaga sensación de que algo iba mal cuando entré en el parque. Recordaba haber visto a unos pandilleros adolescentes, de aspecto rudo, fumando cigarrillos y merodeando alrededor de aquellos densos arbustos. Recordaba, sobre todo, sus antiguas gorras de motociclista con picos de cuero. Al quedarme con estas imágenes, percibí una ominosa sensación de peligro acechante y sentí cómo las tripas se me retorcían. Poco a poco, estos "recuerdos corporales" sistemáticos empezaron a surgir con mucho más detalle. Primero, me vi y me sentí saltando a la carrera por encima de la valla y cayendo al otro lado y luego sorteando la empinada y resbaladiza pendiente hacia la espesura de los arbustos.

De repente, a pesar de mi velocidad, me sobrecogió una sensación vívida e inmediata de peligro grave; algo andaba muy mal. Lo que surgió en mi consciencia fue una sensación abrumadora de amenaza omnipresente. La experimenté como una tensión intensa: un agarrotamiento y rigidez en el cuello y hombros, una constricción de la respiración y retorcimiento de las tripas. De repente, y sin esperarlo, me incliné bruscamente hacia adelante y tuve otro "recuerdo corporal", el de haber sido atacado por la espalda y arrojado violentamente al suelo. Sentí la cara aplastada contra la tierra, a la misma vez que mi frente choco con una piedra grande. Luché con todas mis fuerzas para liberarme, pero fue en vano, pues tenía los brazos inmovilizados y un peso bruto me oprimía la espalda con fuerza. Estaba atrapado como un animal de presa, sin ayuda. Alguien detrás de mí empezó a desgarrarme la ropa, tirándola, hasta arrancarme los pantalones. En ese momento, me quedé en blanco. Al parecer, me desmayé. Todo se quedó muy quieto y silencioso.

Con extraordinaria delicadeza, mi guía me puso la mano en el hombro y me sacó de la profunda conmoción de aquella disociación. Sentí el retroceso de aquella violación brutal y empecé a recuperar mi presencia sensorial en el aquí y ahora. Al final de la sesión, descubrí que mi cuerpo por fin podía hacer lo que no pudo en el momento de la violación. De hecho, uno de los principios básicos del método Somatic Experiencing consiste en descubrir más experiencias en nuestro cuerpo, nuevas y poderosas, que contradigan los sentimientos de impotencia abrumadora que caracterizan el trauma. Gracias a la experiencia y presencia de mi terapeuta empecé a sentir que mi fuerza vital regresaba, además de una rabia ardiente en mis entrañas; luego sentí un poder arrollador de luchar y, finalmente, la feroz fuerza de voluntad por triunfar sobre mis agresores. Volví a conectar con la fuerza y vitalidad de mis piernas y brazos, antes derrotados y colapsadas, y poco a poco empecé a sentir el singular regocijo que había conocido al saltar la valla y correr, libremente, por la pista. Y entonces se reafirmó otra "respuesta defensiva" con una repulsión involuntaria que surgió como un reflejo de náusea. A esto siguió la expulsión con arcadas de lo que parecía ser un fluido viscoso con una textura y un olor similares a la eyaculación.

Esta secuenciación y reelaboración de estos recuerdos corporales tan físicos resolvieron muchos de los síntomas que me habían impulsado a solicitar la sesión. Con autocompasión, lloré por el niño maltratado y abandonado, abrazándolo con validación interior:

"Sí, Peter, esto ocurrió de verdad. Pero ya se acabó". En algunas sesiones de seguimiento pude luchar con el demonio de la vergüenza y superar mi sentimiento de culpa y mi omnipresente sensación de "maldad". Con tiernos sentimientos de genuina autocompasión y aceptación, pude ubicar este recuerdo en el pasado lejano, a donde pertenecía realmente. El "hechizo" se había roto. Era libre, estaba vivo y me sentía completo.

Más recuerdos

La verdad cambia de color según la luz y
el mañana puede visualizarse mejor que el ayer.
La memoria es una selección de imágenes, algunas ilusas...
otras, impresas de forma indeleble en el cerebro.

KASI LEMMONS, *EVE'S BAYOU*

En retrospectiva, y con la ayuda de mis hermanos, empecé a juntar las piezas de una narrativa. Averigüé, por medio de ellos, que la mafia le dijo a mi padre: "Encontrarás a tu familia boca abajo en el East River si testificas". Incapaz de obtener el programa de protección de testigos para la familia, mi padre luchó contra viento y marea, año tras año, para evitar ser encarcelado por negarse a declarar. En un caso que acabó en el Tribunal Supremo de Estados Unidos, mi padre fue a la cárcel por desacato al tribunal. El presidente del Tribunal Supremo, Earl Warren, en su opinión disidente, escribió que aquella era una de las peores decisiones que el tribunal había tomado en toda la historia. Así, pues, mi padre cumpliría una condena de un año y un día. Este cruel y punitivo día extra le hizo prácticamente imposible volver a enseñar en una escuela pública, lo que supuso una desilusión adicional para él.

Como imaginarás, la incertidumbre y el miedo prolongados nos pasaron una dura factura a todos. Mi sensación de seguridad y fe en un mundo sensato y predecible se hizo añicos. Sin embargo, de algún modo pude seguir adelante, aunque una parte repudiada de mí quedó en la violencia de aquellos arbustos y la injusticia que sufrió mi padre. Fue una inocencia perdida, aplastada y profanada pero, al fin, recuperada.

Durante tiempo después de la sesión seguí visitando recuerdos "episódicos". Sin embargo, llegaron sin la carga emocional que había surgido en la potente sesión antes descrita. He aquí algunos detalles adicionales que obtuve: En primer lugar, pude recordar cómo se respiraba un aire de oscuridad amenazadora cuando un mafioso llegaba a nuestra casa para reunirse con mis padres. Al parecer, esas visitas eran para "ayudar" a mi padre a abstenerse de declarar ante el fiscal y gran jurado, acogiéndose a la Quinta Enmienda. Sin embargo, sus verdaderos motivos eran impedir que mi padre acusara a Johnny Dio.

Recuerdo que salí gateando de mi habitación y me escondí debajo de una estrecha mesa de teléfono mientras me esforzaba por oír su conversación en la sala. Mis padres nunca nos hablaron de lo que pasaba, pero mis hermanos pequeños y yo podíamos intuir, por su lenguaje corporal ansioso, que algo iba muy mal. Esos factores estresantes y esas conversaciones ocultas erosionaron mi confianza en mí mismo y mi vitalidad. En última instancia, fueron tan perjudiciales para mi bienestar como algunos de los traumas más discretos, incluso devastadores, que experimenté a lo largo de mi infancia. Tras luchar durante muchos años, mi padre, reacio a declarar para proteger a su familia, acabó rindiéndose a las autoridades para cumplir la condena de un año y un día en prisión. Yo tenía diecisiete años y era estudiante de primer año en la Universidad de Michigan cuando recibí la noticia, en una carta de mi madre, sin rodeos ni sentimientos.

Recuerdo que caí en crisis; el pecho se me desgarró de sollozos y me tiré al suelo con abrumadores espasmos de culpa y dolor.

Mientras tanto, durante la ausencia de mi padre, su negocio de ropa quebró. Con el peso de este profundo estrés y la creciente probabilidad de vivir en la pobreza, mi madre desarrolló una úlcera y tuvo una especie de "crisis nerviosa". Sin embargo, con el imperativo de que la supervivencia de la familia descansaba sobre sus estrechos hombros, se recompuso y obtuvo una credencial de maestra para mantenernos mientras mi padre estaba en la cárcel.

Cuando volví a Nueva York, durante las vacaciones de primavera, vi a mi padre en la cárcel. Me quedé helado de incomodidad cuando me percaté del cristal grueso y los garrotes de metal entre nosotros. Sin saber qué decir, me atraganté y me tragué las palabras que no logre decir: "Te quiero". En silencio, mientras mi madre y yo salíamos del área de visitas, un funcionario de prisiones nos siguió y me tocó el hombro. Al voltearme, me encontré con unos ojos inesperadamente amables. Me dijo en voz baja: "Quiero que sepas, hijo, que tu padre no es un delincuente". También me dijo que mi padre había creado una biblioteca en la cárcel y había enseñado a otros presos ciertas habilidades que necesitarían cuando estuvieran en libertad. En un giro irónico, mi padre había vuelto a su primer amor: la enseñanza. Mi madre había seguido esta tradición y, más tarde, mis hermanos y yo continuaríamos este linaje educativo, cada uno a nuestra manera. Creo que este deseo imperioso de enseñar me fue transmitido y se convirtió en mi pasión y tal vez, podría decirse, en mi obsesión.

En cierta ocasión conocí al rector de la escuela de mi madre, quien me llevó aparte y me dijo que ella era la única profesora capaz de enseñar a los niños más perturbados. Como ejemplo, describió a un niño autista que se metió en un armario mientras los demás niños se iban a casa. Mi madre se quedó esperando, pacientemente, durante más de una hora hasta que el niño, por fin, salió del armario y dejó que ella lo tomara en brazos y lo acunara. Aunque yo no tenía recuerdos concretos de ella abrazándome de ese modo, al menos podía imaginarme lo que describió el rector.

Este perfil de angustia y trauma infantil no fue un motivo fortuito para que mis hermanos, Jon y Bob, junto conmigo, combináramos el instinto docente con una vocación hacia métodos no convencionales de sanación. Y aunque, que yo sepa, no ha habido médicos en mi línea ancestral, de algún modo intuyo que descendemos de una larga línea de rabinos, todos ellos sanadores (espirituales) por derecho propio. Para mí, este linaje sanador se reveló como una vida dedicada al estudio del estrés y trauma y al impulso innato de sanación y plenitud. De hecho, no es de sorprender que mi investigación doctoral, en biofísica médica, versara sobre el "estrés acumulado".

Además de las fuentes de estrés corrosivo que ya he ilustrado, puntuadas por periodos de terror miserable, también experimenté traumas más "ordinarios" a lo largo de mi infancia y juventud. Por supuesto, exploraremos algunos de ellos a lo largo de este viaje de sanación. Un amigo mío observó una vez que la investigación es, realmente, una búsqueda hacia adentro. Así, esta ha sido mi búsqueda de toda la vida, el alivio del sufrimiento innecesario, la sanación del trauma, no solo para mí, sino para un mundo lleno de innumerables personas heridas.

La fuerza creativa

El adulto creativo es el niño que ha sobrevivido.

PROFESORA JULIAN F. FLERON (AUNQUE ESTA FRASE SUELE ATRIBUIRSE A URSULA LE GUIN)

A pesar de este inicio difícil, creo que de alguna forma mis padres siempre han honrado, respetado y promovido mi inclinación natural hacia la curiosidad y exploración. Al trabajar con miles de adultos y muchos niños a lo largo de más de cuarenta y cinco años, he descubierto que **todos** los niños, y la mayoría de los adultos que conservan intacto su yo más joven, tienen este mismo impulso innato de curiosidad y exploración. Es precisamente este impulso vibrante el que podemos aprovechar para apoyar nuestra sanación.

Todos tenemos la capacidad de sanar. Yo creo que existe en los humanos un impulso fundamental y primario hacia la plenitud y salud, lo que incluye tener acceso a una parte de nosotros mismos, que siempre llevamos adentro, que vive más allá de cualquier trauma y que permanecerá entera e intacta por siempre. Es una parte que podría denominarse el Yo verdadero o el Yo real. Un analista junguiano, James Hollis, definió el Yo (con Y mayúscula) como "la finalidad del organismo, la intención teleológica de llegar a ser él mismo tan plenamente como pueda"[1]. Yo solo añadiría que este impulso consiste en parecerse más a nuestro verdadero Yo, más a lo que en realidad somos, fuera de nuestros papeles y personajes. Según mi experiencia, este impulso es similar al impulso innato hacia la curiosidad y exploración.

Tristemente, esta energía instintiva primigenia se ve, demasiado a menudo, forzada a desaparecer por la opresiva sobresocialización, o es abrumada por el estrés tóxico y el trauma. Sin embargo, este poderoso recurso vive en lo más profundo de todos nosotros y está al acecho, listo para ser despertado en el momento adecuado. A pesar del trauma generalizado, creo que esta curiosidad creativa y este sentido interno de vitalidad y exuberancia siempre estuvieron presentes en mi vida y es lo que me ayudó a navegar desde **allá** hasta **aquí.**

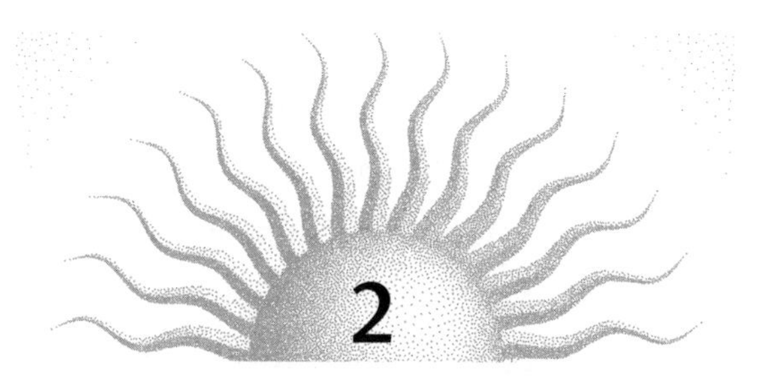

2 Sanar con ciencia y chamanismo

Aquí y ahora (a manera de aperitivo)

A menudo, mi trabajo de sanación ha sido calificado como casi místico o chamánico. Si bien es cierto que me han influenciado los estudios transculturales sobre las prácticas curativas chamánicas y que he tenido la oportunidad de reunirme con varios chamanes y curanderos indígenas alrededor del mundo, mi objetivo de vida ha sido demostrar que tales etiquetas son demasiado esquivas, y, por desgracia, insuficientes. En otras palabras, mi propósito ha sido comprobar que el enfoque que he desarrollado puede ser enseñado y practicado en la sociedad secular occidental. La tradición biológica que me condujo a este trabajo tiene sus orígenes en las ciencias altamente "objetivas". Mi acceso a la espiritualidad encarnada surgió después de una fundación sólida basada en la biofísica, neurobiología y etología*, combinadas con la teoría de la complejidad y la teoría general de sistemas.

Hacia 1972 comencé a compartir mi enfoque curativo con un grupo de doce brillantes terapeutas de Berkeley, durante reuniones

*La etología es el estudio de los animales salvajes en su medio natural.

quincenales celebradas en mi "casa del árbol", ubicada en el 6182 de la avenida McBryde. Hoy, cincuenta años después, puedo decir con satisfacción que he logrado mi objetivo de demostrar que esta forma de sanación no se limita a mis dones individuales, sino que más bien este método de sanación, en evolución actualmente denominado Somatic Experiencing (SE), llamado así por estar basado en la experiencia del cuerpo vivo y sensible, tiene una base científica que es didáctica y transmitible. Uno de los retos de la enseñanza del SE, así como de la investigación de su eficacia, es que el método no consiste en formulas rígidas o un protocolo codificado, sino en un proceso orgánico en desarrollo con principios básicos y bloques constitutivos. Sin embargo, a pesar de este obstáculo, diversos estudios científicos han demostrado que su modo de funcionamiento conduce a una eficacia clínica fuerte y sólida.

En cualquier caso, desde sus inicios con la "pandilla de los doce" en mi humilde casa del árbol, la obra se ha extendido por todo el mundo. En 2022, gracias al trabajo diligente de más de setenta instructores internacionales, el método SE se había extendido a cuarenta y cuatro países, formando a más de 60,000 practicantes. Al reflexionar sobre este crecimiento explosivo y sobre la trayectoria de mi vida, no puedo evitar sentirme sorprendido. De manera inesperada, me he convertido en algo parecido a un inocente e improbable "profeta".

Ante la pregunta de si he hecho lo suficiente, puedo responder con un discreto "sí". De hecho, la responsabilidad de llevar este trabajo a un mundo atribulado recae ahora sobre los hombros, compartidos, del dedicado profesorado internacional del SE.

Y qué decir de la pregunta más evasiva: "¿Soy lo suficiente?". De este enigma debo desahogarme, pues no soy más que un trabajo en progreso. Escribir este libro ha sido para mí una forma de recopilar mis pensamientos, recuerdos, sueños y reflexiones. La pregunta de "si soy lo suficiente" se relaciona, profundamente, con mis luchas por abrirme al amor y a aceptar el sentimiento de ser amado. A menudo he buscado el amor "mágico del otro", en un esfuerzo por encontrar a la persona que me liberase de mis heridas, y a lo largo de ese camino he sido obsequiado con el amor de varias mujeres preciosas, así como con amistades profundas y duraderas de ambos sexos.

Pero volvamos a 1972 y a nuestro pequeño refugio de espíritus afines de Berkeley. Mi trabajo y nuestra tarea compartida consistían en explicar cómo y porqué funciona mi apoyo y facilitación a las personas que desean curar su estrés y traumas abrumadores. Adicionalmente, intentábamos descubrir un medio por el que nuestras técnicas de sanación pudieran enseñarse a los demás de forma metódica y holística. Por aquel entonces yo hacía mi doctorado interdisciplinario en los departamentos de medicina y biofísica de la Universidad de Berkeley, por lo que estaba inmerso en el fascinante mundo de las ciencias duras, como la física cuántica, matemática y biología. Me interesaba, en particular, el sistema nervioso y la función cerebral. Esas exploraciones me ayudaron a comprender el sistema nervioso autónomo o involuntario, el tronco encefálico superior, el cerebelo y el sistema límbico. Se trata de características anatómicas que compartimos con otros mamíferos y que dan origen, subyacen y amortiguan todos nuestros sentidos, emociones y percepciones. Estos sistemas básicos también dan forma a muchas de nuestras creencias fundamentales.

De abajo hacia arriba

A medida que evolucionaba mi enfoque cuerpo-mente, en lugar de utilizar un sistema jerárquico y descendente típico, la academia tradicional de conversación combinado con terapias cognitivo-conductuales, exploré una comprensión "jerárquica inferior" o ascendente. Este proceso implicaba comenzar el trabajo terapéutico comprometiéndose con las sensaciones corporales, así como con los impulsos y pulsiones motrices internos. En las palabras de *El Kybalión*, la filosofía hermética del antiguo Egipto y Grecia: "Como es abajo, es arriba". Mi enfoque aspiraba a unir las dos vías, ascendente y descendente, cuerpo y mente, en un proceso holístico que respetara la totalidad y la sabiduría innata del organismo humano vivo. En otras palabras, formulé un método capaz de guiar a quienes buscaban sanación a que prestaran atención a sus propias experiencias corporales somáticas, junto con las emociones y significados que atribuimos a nuestros "paisajes" corporales interoceptivos.

Todos somos animales

Para mí, el broche de oro, la crema y nata de la investigación científica y el objeto de mi fascinación y aprecio, fue la etología; el estudio de los animales salvajes en sus entornos naturales. El respeto de los etólogos por la naturaleza me dio una pista inesperada y jugosa sobre cómo los individuos nos traumatizamos y, aun más importante, cómo podemos curarnos. Por eso empecé a utilizar la metodología etológica de la observación naturalista con mis clientes. Al igual que los etólogos, tomaba nota de los gestos sutiles, posturas involuntarias, expresiones faciales, frecuencia cardiaca, ritmos respiratorios y cambios de color de la piel de mis clientes, todos ellos indicadores de la actividad autónoma y precursores de sentimientos y erupciones emocionales. Al fin y al cabo, los humanos somos mamíferos, aunque especiales, ¡pero mamíferos al fin! Y como dijo mi héroe de la infancia, Yogi Berra, el famoso *catcher* de los Yankees de Nueva York en los años cincuenta: "Mucho se puede observar con solo mirar". Y eso es exactamente lo que hice; mes a mes, año tras año, década tras década, seguí imitando a los grandes etólogos que llegué a admirar tanto, en particular los métodos de investigación de Nikolaas Tinbergen, que compartió el Premio Nobel de Medicina y Fisiología de 1973*. De 1974 a 1977 mantuve contacto con Tinbergen, entonces profesor de la Universidad de Oxford, por correo postal tradicional y por teléfono, a través de los nuevos cables submarinos transcontinentales. Esta valiosa comunicación me costó gran parte de mi estipendio mensual de estudiante de posgrado, ya que esto sucedió mucho antes de la conveniencia de los teléfonos celulares e Internet. Luchaba contra la duda de que pudiera estar imaginando mis observaciones y su importancia para la salud, el estrés y la enfermedad. El reconocimiento y apoyo de Tinbergen me animaron a seguir adelante†.

En ese mismo momento, mi progreso académico sufrió un serio contratiempo. El presidente de mi comité de tesis, Richard Strohm, destacado biólogo celular y profesor, dijo que yo solo recibiría el doctorado sobre su cadáver. Me informó, sin rodeos, que mi trabajo unía demasiadas disciplinas para ser válido y científico. Esto ocurrió durante la época en que yo participaba en un programa interdisciplinario de la Universidad de Berkeley, llamado Física Médica y Biológica. Era un acuerdo de la escuela de posgrado que nos permitía, a algunos, estudiar campos diferentes aunque potencialmente relacionados. En mi caso, se trataba de una síntesis de biología, fisiología, etología, investigación cerebral, teoría de catástrofes (una rama de las matemáticas) y teoría general de sistemas. El rechazo categórico de Strohman a mi tesis me dejó completamente abatido y sin saber a quién acudir.

*Ver "Nikolaas Tinbergen Facts" en la página web del Premio Nobel.

†Durante este tiempo, también recibí algunos ánimos adicionales de Raymond Dart, el antropólogo que descubrió por primera vez el *Australopithecus* en la sabana africana, el "hombre mono" de transición.

Agradezco esa ayuda desconocida que ya venía en camino

Afortunadamente, un querido amigo, el doctor Ed Jackson, que durante ese tiempo era miembro adjunto de la facultad de la Escuela de Salud Pública de la UC Berkeley, también pudo formar parte del comité. Ed acudió en mi defensa y sugirió que enviáramos mi tesis a investigadores destacados en cada uno de los campos mencionados. Al cabo de un par de meses sin respuesta, me resigné y empecé a solicitar un nuevo programa doctoral en psicología. Pero entonces, un soleado día de noviembre, una amiga me contó cómo había sido invitada a casa del profesor Strohman a una de sus infames fiestas. Durante los años sesenta, el profesor tenía predilección por las rubias altas, los buenos vinos y los autos Porsche descapotables antiguos. En cualquier caso, en la fiesta mi amiga oyó una conversación entre el profesor Strohman y un joven estudiante de posgrado interesado en estudiar el estrés, quien se preguntaba si había seminarios en ese campo específico. A esa pregunta, Strohman respondió que debía hablar con su "protegido", Peter Levine. Sí, ¡esas fueron sus palabras! Este chisme jugoso significaba que podía celebrar que, finalmente, había superado el obstáculo y podía respirar de nuevo. Por fin podía avanzar en mi carrera académica y científica.

A la siguiente vez que me reuní con Strohman me felicitó discretamente, ya que había recibido varios elogios de líderes del campo sobre "su" estudiante de posgrado. Uno de esos científicos era Hans Selye, el innovador creador del concepto fisiológico del estrés, que realizó importantes contribuciones a la comprensión científica de las respuestas a corto y largo plazo del organismo al estrés y la tensión. Como joven estudiante de medicina, Selye también había sido marginado por sus profesores de clínica cuando observó que había más similitudes que diferencias entre los pacientes de sus profesores diagnosticados con un diverso conjunto de enfermedades. A pesar del síndrome del emperador con ropa nueva en el campo científico, Selye observó que, simplemente, todos lucían enfermos. En sí, razonó que todos tenían ese aspecto debido al "desgaste" del estrés. Propuso que el efecto del estrés era como una cuenta bancaria: puedes seguir retirando dinero hasta que estés en números rojos. Su hipótesis era que, al igual que una cuenta de ahorros, solo puedes retirar una cantidad determinada. Cuando se agotan las reservas, tu cuerpo entra en bancarrota y te enfermas, como los numerosos pacientes que había observado en la Facultad de Medicina.

Sin embargo, en mi tesis doctoral de 1976 me opuse a esta visión pasiva del estrés. En su lugar, empecé a desarrollar el concepto de resiliencia central como antídoto dinámico contra la acumulación del estrés. En mi tesis argumenté en contra del concepto de Selye del cuerpo humano como una cuenta financiera o una cuenta bancaria con recursos finitos. Demostré, más bien, que siempre que nos enfrentamos a una amenaza o peligro, nuestro sistema nervioso autónomo se activa, o "carga". Sin embargo, dadas las condiciones adecuadas, el sistema nervioso "rebota" y "descarga" esta activación erosionadora, y este dinamismo restablece el equilibrio, la regulación interna y el balance a fin de promover la resiliencia general.

También tuve una vista única a la resiliencia al estrés cuando viví mi sueño de trabajar para la NASA. Alrededor de 1978 tuve la rara oportunidad de ser consultor de estrés para la NASA, como parte de un consorcio en conjunto con la UC Berkeley, relacionado al desarrollo inicial del programa del transbordador espacial. Mi tarea consistía en supervisar las señales fisiológicas que se enviaban a la Tierra, como los latidos del corazón y la respiración, cuando los astronautas despegaban y entraban en la microgravedad de la órbita terrestre. En esos momentos, algunos de los astronautas sentían náuseas e incluso podían llegar a vomitar. Estas "náuseas de gravedad cero" no solo eran molestas, sino que podían dañar los sistemas electrónicos y provocar un fallo potencialmente catastrófico. Mi trabajo era controlar estas señales fisiológicas para predecir cuándo se producirían los vómitos y, por supuesto, desarrollar estrategias para detenerlos. Así, mientras veía a muchos de mis clientes sentirse abrumados por el estrés, vi la respuesta opuesta en la mayoría de los astronautas. La pregunta que me surgió fue: ¿Es posible ayudar a "entrenar" la respuesta autonómica de mis clientes para que desarrollen una capacidad de recuperación básica, de modo que también puedan recuperarse como lo hicieron los astronautas?

Cuando Selye leyó mi tesis doctoral tuvo la gracia y humildad de mantener correspondencia conmigo. Lo hizo a pesar de que yo había argumentado en contra de gran parte de su teoría básica, al menos en lo relativo a la capacidad de resiliencia como antídoto contra lo que él había denominado el "desgaste" del estrés. Selye, en una carta al profesor Strohman, escribió magnánimamente que mi concepto de estrés resuelto frente al estrés acumulado era una contribución importante a la comprensión global de esta condición. De igual forma, yo espero tener algún pequeño grado de humildad cuando alguien, tal vez un estudiante o colega, cuestione alguna de mis teorías o prácticas.

Con alegría y agradecimiento, Selye y Tinbergen me brindaron una base teórica para mis observaciones clínicas, lo que me dio la confianza para sumergirme en esta investigación durante muchas décadas. Con su generoso apoyo y aliento, seguiría explorando mis investigaciones, mi visión y mis conclusiones teóricas, a pesar de mis numerosas aprensiones e inseguridades. Por ello, estoy sinceramente agradecido con el profesor Tinbergen y el doctor Selye, quienes juntos contribuyeron conmigo sin reservas.

Albert y yo: conversaciones en Beggar's Banquet

Nunca he esperado por una invitación.

ALBERT EINSTEIN (DIRIGIDO A MILEVA, DE *EL OTRO EINSTEIN*, NOVELA DE MARIE BENEDICT)

A lo largo de mi viaje para aprender a ayudar a las personas traumatizadas a recuperar su resiliencia, también obtuve una asistencia bastante extraordinaria de una fuente inesperada: una aparición de Albert Einstein.

Durante la década de 1970 me imaginaba que un huésped inesperado y no invitado me hacía una visita. Trabajaba diligentemente en mi tesis doctoral de biofísica teórica sobre el estrés acumulado, así como en el desarrollo de mi enfoque cuerpo-mente para la resolución, prevención y sanación del estrés crónico y los síntomas traumáticos. Tras largas y agotadoras jornadas de trabajo, solía visitar mi restaurante favorito, Beggar's Banquet, situado en la avenida San Pablo de Berkeley. Allí, las camareras, cálidas y amables, siempre me saludaban. Mi cena habitual empezaba con su sopa casera del día, acompañada de unas rebanadas de pan francés, caliente y crocante.

Una noche, temprano, estaba sentado solo en mi mesa habitual, una mesa sencilla para dos. Mientras saboreaba mi sopa de verduras, una sombra apareció en mi visión periférica. Curioso, levanté la vista de mi cena y, de pie, a un lado, estaba la imagen de un anciano desaliñado con el pelo blanco, rizado y despeinado. En mi ensoñación, llevaba una chaqueta deportiva arrugada y demasiado grande que empequeñecía su delgada figura. Al principio me inquietó aquella repentina aparición, pero cuando me relajé y me abrí a su presencia reconocí a mi ídolo: ¡Albert Einstein! Lo invité a sentarse frente a mí y así, empezó un año de visitas quincenales con esta entidad.

Por un lado, mi mente racional reconoció esta imagen como un encuentro con algún proceso imaginativo arquetípico inconsciente, un ejemplo de lo que Carl G. Jung denominó "imaginación activa"*. Por otra parte, esas manifestaciones parecían tan reales que era como si el mismísimo Albert Einstein me estuviera haciendo esas visitas tan bienvenidas. En cualquier caso, esas audiencias apoyaban mi trabajo académico y mis conocimientos sobre los efectos del estrés. Valoraba mucho estas conversaciones interiores que me permitían acceder a información del "inconsciente colectivo". Véase la lámina 2.

Esos encuentros durante la cena duraron cerca de un año, cuando decidí adentrarme en el reino de la imaginación activa. Parecían tan genuinos que a veces pedía dos sopas, una para mí y otra para el profesor, aunque no sin reírme de mi propia imaginación creativa e idética†. A veces la camarera me preguntaba si quería que me trajera la segunda sopa más tarde para que estuviera caliente. Con cierta timidez, me negaba y esperaba que no me preguntara por qué. En nuestras cenas exploraba mis pensamientos más profundos y mis dudas más acuciantes, principalmente de mis investigaciones doctorales sobre la teoría de catástrofes, una rama esotérica de las matemáticas. Así fue como pude modelar la respuesta del sistema nervioso a la amenaza y el estrés. Me imaginaba a Einstein escuchando con atención, a menudo con la cabeza ladeada. Entonces me hacía preguntas sobre mis preguntas: estos intercambios de tipo socrático a menudo abrían nuevas perspectivas y comprensiones más profundas. Ursula K. Le Guin, la lírica y convincente escritora, hizo eco de esta importante verdad sobre

*La imaginación activa es un método para visualizar cuestiones inconscientes dejando que actúen por sí mismas. Puede utilizarse para tender un puente entre la mente consciente y la inconsciente. La imaginación activa no es meditación, autohipnosis, imaginería guiada ni cumplimiento de deseos, sino más bien una forma de activar el inconsciente y dialogar con él de forma interactiva y receptiva.

†Eidético significa una imagen vívida y real.

plantear las preguntas "correctas" cuando escribió: "No hay respuestas correctas a preguntas incorrectas".

Incluso hoy, más de cuarenta años después, reflexiono agradecido sobre aquellas vívidas y reveladoras conversaciones interiores con el pícaro profesor. Ahora me reconforta saber que llevo conmigo la capacidad de cuestionar mis preguntas, abriéndome poco a poco a las respuestas. El escritor Rainer Maria Rilke me animó a aceptar mis preguntas cuando escribió a un joven aspirante a poeta: "Sé paciente con todo lo que no está resuelto en tu corazón e intenta amar las preguntas en sí mismas. No busques ahora las respuestas que no te pueden ser dadas porque no serías capaz de vivirlas; después de todo, se trata de vivirlo todo. Vive las preguntas ahora. Quizá entonces, poco a poco y sin darte cuenta, vivas la respuesta algún día lejano"[1]. Y eso fue lo que hice durante los siguientes cuarenta y pico de años.

Hace unos treinta y cinco años, durante una visita a mis padres en el Bronx, un libro en su estantería capto mi atención: *La relatividad: La teoría especial y general,* de Albert Einstein. Esto me llevo a contarles de mis previas "visitas" con el físico. Mi madre se incorporó bruscamente y dijo: "¡Peter, ya sé por qué te ha pasado esto!". Y continuo: "Cuando yo estaba embarazada de ocho meses de ti, tu padre y yo navegamos por el lago en canoa cuando una borrasca de viento nos volcó". Según su relato, lucharon sin éxito por enderezar la canoa y se encontraban a punto de perecer cuando, justo a tiempo, se toparon con una mujer joven acompañada de un hombre mayor navegando por el lago en un pequeño velero. Estos recién llegados, al ver el grave peligro que corrían mis padres, los pusieron a salvo. Tras ofrecerles toallas para que secaran sus cuerpos temblorosos del frio, se presentaron como Albert Einstein y su hijastra. Mi madre razonó (y créanme que podía ser extraordinariamente intuitiva) que, de algún modo, yo había establecido un vínculo con Einstein durante aquel intenso momento de amenaza vital y posterior salvación. Ahora comprendía el cómo y por qué el profesor se convirtió en mi guía interior. Durante todo ese tiempo él había permanecido entre bastidores, listo para que recurriera a él cuando yo tuviese problemas con ideas incompletas o dudas persistentes.

Mantengo la veracidad de esta conversación con mi madre sin ninguna duda ni equivocación. Mis dos padres confirmaron su roce con la muerte en la canoa, así como el rescate real por parte de Einstein y su hijastra. Tengo muy claro que esta conversación con mi madre existe en mi memoria como un recuerdo ordinario, y no como un producto de mi imaginación, a diferencia de los vívidos encuentros eidéticos con Einstein. Aquellas estimulantes "conversaciones durante la cena" parecían descargarse de algún modo en mí desde una fuente universal y colectiva. Tal vez heredé algunas capacidades intuitivas de mi madre que le dieron esa connotación, tan real, a las apariciones. En cualquier caso, Einstein siguió siendo un fructífero guía y mentor interno.

Debo admitir, sin embargo, que mi intriga por el misterio de esta "canalización" no hizo sino crecer. Me preguntaba cómo alguien podía conectar con una inspiración tan cautivadora sin que su vida se viera amenazada. Tal y como llegué a comprender más tarde, todos estamos formados por campos de energía que, a su vez, están incrustados en campos de energía mayores y se mantienen conectados con aquellos de nuestros antepasados y otras personas importantes, así como con el "macrocosmos". Además, estos campos llevan en su interior todo el conocimiento y la gran sabiduría de los tiempos. Esta fuente universal de conocimiento se ha denominado como registros akáshicos. Alfred Percy Sinnett aludió a esta fuente universal en su libro *Budismo esotérico*, de 1883, y al día de hoy siento una curiosidad infinita por los diversos puntos de acceso a estos registros universales, además de que me sigue asombrando la frecuencia con que la sabiduría innata del cuerpo puede servir como uno de estos conductos.

Sin Einstein y su hijastra yo no existiría hoy en un cuerpo físico, ya que mis padres se habrían ahogado y yo habría perecido en el útero. Sin embargo, le debo algo más que mi vida a Einstein: fui bendecido por su vasto genio y su voluntad de acogerme bajo su ala protectora virtual. Con sincero agradecimiento en mi corazón, siento que mis ojos se llenan de lágrimas de alegría mientras escribo estas palabras.

Pero por muy emotivo que me ponga al recordar esa relación eidética, también quiero recalcar que no es inusual que un adulto que disponga de una imaginación activa sea considerado infantil. Y aunque parezca obvio que esa necesidad de creatividad ha de llegar a su fin cuando uno se convierte en un adulto pensante, yo diría que tanto la creatividad como la imaginación son igual de importantes, incluso necesarias, para adultos y niños por igual, sobre todo en lo que respecta a nuestra salud mental y emocional.

La curiosidad _____ al gato

Siempre he sentido una ferviente curiosidad por la ciencia y la naturaleza, por la forma y motivos por los cuales funcionan las cosas. Fui un niño persistente –y a veces molesto– que siempre preguntaba: "¿Por qué?". Y aunque enfrenté muchos traumas a lo largo de mi infancia, mis dos padres apoyaron con entusiasmo mi interés por la naturaleza, la ciencia y lo que constituye la vida. En consecuencia, siento una inmensa gratitud hacia Helen y Morris por su inquebrantable estímulo y por el precioso don de la vida. Desempeñaron un papel clave en el cultivo de mi aprecio, tanto por la ciencia como por el arte. Además, su ayuda en mi incesante búsqueda del "¿cómo y por qué?" me guio hacia mis descubrimientos finales.

En 2010 tuve el honor de recibir el primero de cuatro premios a una vida profesional de logros. Estos reconocimientos me han hecho reflexionar sobre la procedencia de mis conocimientos y dones oportunos. ¿Cómo me convertí en el portador de algunas verdades universales pero olvidadas o del conocimiento encarnado del trauma y la sanación? De hecho, ¿cómo caí en el papel de un verdadero cruzado involuntario, un "profeta" inesperado?

Para mi sorpresa, mi hermano Jon apareció en la sala de conferencias para oír mi discurso de aceptación. Siempre tuve la sensación de que él no pensaba que mi trabajo fuese verdaderamente científico y, por tanto, lo consideraba menos válido. Por eso me emocioné muchísimo cuando lo vi entre el público. Añadiré aquí unas palabras sobre Jon, que es doctor en medicina y tiene un doctorado en neurobiología.

En 1978, mientras avanzaba en mi propio trabajo, Jon hizo un importante descubrimiento médico y biológico. En resumidas cuentas se sabía ya, desde hacía tiempo, que si se administraba una pastilla de azúcar a alguien que experimentaba un dolor físico agudo, ésta podía tener, a veces, un efecto contundente para mitigar el dolor si se le decía a la persona que la pastilla era un potente analgésico. Este alivio del dolor por la ingesta de una pastilla de azúcar llamada **placebo** (que proviene de la raíz latina "complacer") puede ser tan potente como el efecto adormecedor de la morfina, la sustancia modelo para el alivio del dolor. De algún modo, este poderoso efecto autocurativo había pasado desapercibido de ser evaluado y explicado científicamente.

Con su descubrimiento del mecanismo del placebo, Jon refutó la idea errónea de que el efecto placebo era tan solo una "necesidad psicológica" de complacer a la importante figura del médico. Por el contrario, se trataba de un mecanismo de autosanación de suma importancia. Al darse cuenta de ello, abrió el campo emergente de la autosanación, ahora llamado psiconeuroinmunología, que es esencialmente la ciencia de la poderosa interacción entre cuerpo y mente.

Jon sabía, por investigaciones anteriores, que existen receptores opioides especiales en el cerebro, así como moléculas específicas llamadas endorfinas, que se liberan en el cerebro y se adhieren a esos receptores. Jon pensó que se trataba de los mismos receptores a los que se adhiere la morfina cuando se administra de forma externa. Utilizó entonces naloxona* para bloquear esos receptores específicos y demostró que la respuesta al placebo disminuía considerablemente o se bloqueaba por completo. ¡Vaya! Qué descubrimiento tan fantástico y afirmativo. De hecho, esto confirmaba la explicación **fisiológica** real del efecto placebo, en lugar de la supuesta explicación **psicológica**. Se trataba de que el cuerpo cambiaba la mente y la mente, a su vez, cambiaba el cuerpo. El filósofo holandés de mediados del siglo XVII, Baruch Spinoza, defendió un concepto similar cuando escribió: "Todo lo que aumenta, disminuye, limita o amplía el poder de acción del cuerpo, aumenta, disminuye, limita o amplía el poder de acción de la mente. Y todo lo que aumenta, disminuye, limita o amplía el poder de acción de la mente, también aumenta, disminuye, limita o amplía el poder de acción del cuerpo".

La amplia disciplina que estimuló el trabajo de Jon está relacionada con los receptores y moléculas del cerebro, que pueden ser mimetizados por ciertas sustancias exógenas o de origen externo.

---

*La naloxona es un "antagonista opiáceo", lo que significa que se une a los receptores opiáceos del cerebro y bloquea los efectos de los opiáceos. La naloxona suele emplearse para revertir una sobredosis de opiáceos.

Estas sustancias van desde los opioides a los tranquilizantes y antidepresivos, y pudieran también incluir psicodélicos, como el LSD, la psilocibina, la ayahuasca (DMT) y el éxtasis (MDMA). Tal vez estas sustancias "expansoras de la mente" estimulen partes del cerebro, de forma similar a las endorfinas, y formen parte de un sistema mayor vinculado a un poderoso impulso hacia la plenitud y una evolución de la consciencia y la sanación profunda.

Para mí, la pregunta era cómo acceder a este sistema curativo interno y aprovecharlo, pero no solo mediante el uso de fármacos externos sino más bien recurriendo al vasto poder y sabiduría innatos del cuerpo-mente. En otras palabras, podría haber varias formas de acceder a estos potentes neurotransmisores endógenos y utilizarlos de forma terapéutica para provocar una autosanación radical. Y durante esta búsqueda me sorprendió descubrir, además, una sólida relación entre la transformación y sanación del trauma y diversas experiencias y prácticas extraordinarias, o prácticas "cumbre", que se hallan en las tradiciones espirituales, meditativas, chamánicas y místicas de todo el mundo. Ser testigo de esas inmensas y duraderas transformaciones del trauma ha sido un privilegio inconmensurable y la fuerza motriz de mi crecimiento profesional y personal.

Al estudiar los mecanismos organísmicos innatos por los que se curan las personas, mi hermano Jon y yo en realidad éramos algo más que hermanos de sangre: éramos hermanos científicos y clínicos que perseguían el estudio de los mecanismos innatos que sustentan la inteligencia y sanación espontáneas y orgánicas. También debo mencionar que mi hermano menor, Bob, es un destacado "sanador de último recurso" que utiliza la medicina china y tibetana, la acupuntura y la homeopatía para pacientes que sufren cuando todo lo demás ha fracasado. ¡Mamá habría estado orgullosa de los tres!

Peter y el repollo

Comprender la física es un juego de niños
cuando se compara con la comprensión del juego de niños.

ALBERT EINSTEIN

En mi discurso de aceptación de aquel premio, el primero de una vida profesional de logros, hice una breve mención de mi curiosidad perenne. Más tarde, tras la entrega del premio, almorcé con Jon, quien compartió un destacado recuerdo que conservaba de nuestra infancia.

Cuando yo tenía seis o siete años mi abuelo compró una granja al norte del estado de Nueva York. Era un lugar donde me sentía impulsado a explorar gracias a una sensación de libertad y pertenencia; la granja era un respiro de los peligros extremos de la ciudad. Recuerdo comer las verduras y frutas frescas que se recogían cada día y, en especial, los pasteles de manzana que horneaba mi abuela. Siempre le ponía una rebanada de queso cheddar, de la granja lechera local, y una cucharada de helado de vainilla a mi porción del pastel.

Lo que más recuerdo era ir al gallinero por la mañana y recoger huevos para el desayuno. Después de hacerlo, emprendía mis aventuras diarias, llevando los sándwiches que mi abuela había hecho la noche anterior. Durante mis paseos rituales trepé por colinas y recorrí bosques, regresando al atardecer para disfrutar de una comida casera. En ese refugio llegué a conocer los ciclos de la naturaleza.

Al cabo de un tiempo, cuando yo probablemente tenía diez años, Jon siete y Bob cuatro y medio, nuestro pequeño y simpático trío de emprendedores se dedicaba a cargar un festín de frutas y verduras de la granja en nuestra carreta roja. Luego, bajábamos por el polvoriento camino de tierra, conocido como *Pine Tree Road*, y vendíamos nuestro festín a los residentes veraniegos de un campamento vacacional de *bungalows*, o viviendas unifamiliares, situado a kilómetro y medio de la granja.

Imagina a tres entrañables chicos haciendo sus rondas diarias para vender productos frescos en el campamento de verano cercano. Un buen día, caluroso y húmedo, estábamos dispuestos a regresar a la granja con la carreta vacía, salvo por una única pieza: una lechuga. Se acercaba la hora de cenar así que, tras un breve descanso, anduvimos el camino de regreso a la granja. Durante el trayecto de regreso me di cuenta de que el repollo, que estaba en la parte delantera de la carreta, parecía rodar hacia atrás a medida que avanzábamos.

Según cuenta Jon, lo obligué a arrancar y frenar la carreta repetidas veces para que pudiera sentarme junto al repollo para observar su fascinante comportamiento. En un momento dado, me di cuenta de no se movía hacia la parte trasera de la carreta, sino que permanecía casi inmóvil cuando íbamos hacia adelante. Aquella noche le conté a mi madre mis observaciones y le pregunté por qué ocurría siempre lo mismo, y con una expresión de regocijo me dijo: "Peter, acabas de descubrir la primera ley del movimiento de Newton".

Así que quizá la curiosidad, en lugar de matar al gato, podría haber "llevado al gato a lograr su mayor y más elevado potencial", como dijo una vez un mentor y amigo mío llamado Dick Olney. Muchos años después, durante las clases de física de la escuela secundaria del profesor Sheeran (quien nos dio clases a los tres), volví a recordar la primera ley de Newton: "Todo cuerpo en reposo tiende a permanecer en reposo a menos que actúe sobre éste una fuerza exterior, y un cuerpo en movimiento tiende a permanecer en movimiento a menos que actúe sobre el mismo una fuerza exterior". Y, por extraño que parezca, esta ley tiene relevancia personal, ya que siempre he sido un objeto en movimiento: una peripatética piedra rodante, infinitamente curiosa, inmutable a las muchas fuerzas externas. Al igual que Juanito Manzanas, durante décadas viajé por todo el mundo como un vagabundo y misionero implacable, sembrando mis semillas de conocimiento entre aquellos que fuesen receptivos, incluso cuando pareciese inútil.

Montando una bicicleta reconstruida para dos y cinco

Cuando yo tenía unos cinco años, mi padre dejó su trabajo como profesor y director de secundaria, posición que había alimentado tanto su corazón como su mente. Renunció a esta pasión y, para mantener a su creciente familia, se hizo fabricante de vestidos en el distrito de la confección de Nueva York, que era áspero, duro e infestado por la mafia. Fue una decisión de la que se arrepintió más tarde, pues puso a toda nuestra familia en un grave y prolongado riesgo. Pero por el momento, lo único que sabíamos todos los hijos era que en vez de volver a casa tarde, ahora mi padre regresaba entre las nueve y once de la noche. Yo intentaba quedarme despierto tan tarde como podía y cuando sonaba el timbre corría a la puerta y saltaba a sus acogedores brazos. Aquel momento de alegría me llenaba de un alentador sentimiento de protección y bondad. Recuerdo la sensación exacta de sus bigotes ásperos rozando mi suave cara. Sin embargo, a pesar de sus largas horas de trabajo, reservaba un día especial de la semana exclusivamente para estar juntos, en familia: el domingo.

Durante la década de sus veinte, en 1936, mi padre y un amigo abordaron el *Île de France*, un gran transatlántico que iba des Nueva York a París, y en la capital gala compraron una bicicleta tándem, con la que pedalearon juntos por toda Francia y luego hasta Budapest, Hungría. Tras esta odisea, mi padre regresó y trajo la bicicleta a casa, al Bronx, para que la disfrutara la familia. Nuestras mañanas domingueras solían empezar con *bagels*, queso crema, salmón, pepinillos y pescado blanco ahumado de la charcutería judía local. Luego, con el estómago lleno, bajábamos al sótano a las carreras, donde estaba guardada aquella sagrada bicicleta tándem de color granate. Mi padre le había hecho algunas modificaciones a la vieja y curtida bicicleta; le había añadido asientos adicionales, uno justo detrás del asiento delantero con un manillar improvisado, y otro en el portaequipajes trasero. Imagínate a papá y mamá pedaleando con los tres hermanos: yo detrás del asiento delantero, Jon en el asiento del portaequipajes trasero y el bebé Bob metido, cómodamente, en la cesta delantera de la bici. La gente de los edificios de la vecindad se quedaba boquiabierta al vernos pasar a los cinco hacia el Oval Reservoir Park... Una imagen encantadora. Solo ten en cuenta que, al igual que ese parque y gran parte de mis primeros años de vida, la bicicleta también tenía un origen oscuro y traumático.

Sombras del Holocausto

Al llegar a Budapest, mi padre se dirigió a casa de unos parientes. Allí fue testigo de cómo un anciano tendero judío era sacado a rastras de su panadería, al final de la calle, y era golpeado sin piedad por un grupo de vándalos de la Cruz Flechada. El partido húngaro de derecha, la Cruz Flechada, era nacionalista hasta el extremo y seguía el modelo del Partido Nazi alemán. Esos matones eran aún más venenosos y despiadados en su antisemitismo que el escuadrón de protección de las S.S. Mi padre se preparó para correr en ayuda del pobre hombre; por suerte, sus parientes lo agarraron del brazo y le impidieron auxiliarlo. En un inglés entrecortado le dijeron: "¡Para! ¡No lo hagas! ¿Estás loco? Los matarán a los dos".

De este modo, junto con la bicicleta familiar, mi padre regresó de su viaje trayendo consigo una horrible visión del preludio de la Segunda Guerra Mundial. El espectro de la guerra se cernía sobre el horizonte; su sombra amenazadora iba acompañada del holocausto nazi y la matanza de seis millones de judíos, junto con católicos, rumanos, homosexuales, discapacitados, intelectuales y otros calificados de "indeseables". El azote de la guerra y el genocidio iba a sacudir al mundo hasta sus cimientos, al igual que el pequeño mundo de mi familia. De niño no entendía por qué no tenía otros parientes vivos por el lado de mi padre, aparte de mis abuelos paternos: Dora "Baba Dosi" y el abuelo Max. Eso me inquietaba porque, por parte de mi madre, no solo tenía a mis abuelos maternos, sino también tías, tíos, primos y otros parientes. Y es que, aparte de un primo, toda la familia de mi padre en Europa fue asesinada por los nazis.

Después de la guerra, hacia 1952, la Cruz Roja tenía un programa para unir a refugiados con posibles familiares que vivieran en Estados Unidos. De algún modo encontraron a un joven que había escapado de Auschwitz y llevaba dos años sobreviviendo en los bosques, viviendo como un animal a base de bayas, raíces y hojas: uno de los "judíos olvidados del bosque" o, como yo los llamaba, "judíos del bosque"[2]. Junto con mis padres y abuelos, fuimos a conocer a Zelig, un primo lejano y mi único familiar paterno en Europa que sobrevivió al Holocausto. Recuerdo que me obsesionaban los números azules tatuados en su antebrazo y su misterioso acento extranjero, apenas comprensible.

Sin que yo lo supiera, poco después de la inexplicable visita de Zelig, mi abuela paterna, Dora "Baba Dosi", levantó su cuerpo de 36 kilos, frágil y enfermo de cáncer, hasta el alféizar de la ventana de su departamento y saltó hacia una muerte violenta seis pisos más abajo. Comprendí muchos años después que su suicidio fue una respuesta al sentimiento tardío de culpa por ser una sobreviviente, posiblemente provocado por la visita de Zelig, el único pariente lejano que le quedaba en todo el mundo. También llegaría a saber que este tipo de trauma pesadilla puede transmitirse a lo largo de varias generaciones. De hecho, estos engramas de memoria implícita tuvieron un profundo impacto en mi vida, sobre todo en algunos comportamientos, sentimientos de vergüenza y en la sensación de culpabilidad persistente y agobiante.

En la época de mis encuentros con Einstein, mientras seguía trabajando con los recuerdos sensoriales implícitos (o corporales y emocionales) de mis clientes, me sorprendió que algunos de ellos reportaran el olor acre a carne quemada, lo cual resultaba inesperado, ya que muchas de estas personas habían sido vegetarianas durante mucho tiempo. Cuando les pedí que entrevistaran a sus padres para hacer su historia familiar, algunos me informaron que sus padres o abuelos habían sido víctimas o supervivientes del Holocausto. ¿Era posible que estos clientes estuvieran sufriendo, de algún modo, el impacto de una potente transmisión intergeneracional específica, en lo que a raza se refiere, del trauma de sus padres y abuelos en los campos de exterminio? Pero teniendo en cuenta lo que se sabía sobre la memoria individual en aquella época, esta explicación parecía poco probable.

Continuaba perplejo por la especificidad de cómo los olores de los campos de exterminio podían transmitirse de generación en generación a mis clientes. Pero hace poco me topé con unos sorprendentes experimentos llevados a cabo en animales por Brian Dias en la Facultad de Medicina de la Universidad Emory, de Atlanta: los investigadores expusieron a un grupo de ratones al aroma de flores de cerezo. No sé si les resultaba agradable, como a los humanos, pero desde luego que no les era aversivo. Después, los investigadores emparejaron ese olor con una descarga eléctrica y, tras una o dos semanas de esta combinación, los ratones se estremecían, temblaban y se defecaban de miedo agudo apenas se exponían a dicho aroma. Este resultado no es ninguna sorpresa, ya que se trata de un reflejo condicionado pavloviano habitual. Sin embargo (y me intrigan las motivaciones de estos científicos), criaron a esos ratones durante cinco generaciones. El desenlace de estos experimentos es que, cuando expusieron a los tataranietos de la pareja original de ratones al olor de la flor del cerezo, se estremecieron, temblaron y se defecaron de miedo solo por el olor. Estas reacciones fueron igual de fuertes, o más, que las reacciones originales de sus tatarabuelos, expuestos inicialmente a las flores de cerezo junto con el estímulo incondicionado en forma de descargas. Los ratones no reaccionaron con miedo a una gran variedad de olores, ¡solo al olor de las flores de cerezo! Un interesante resultado final de este estudio fue que el condicionamiento del miedo se transmitía con más fuerza cuando el macho, o padre, era el miembro de la pareja de apareamiento original expuesto a la reacción de miedo condicionada. Esta especificidad no me sorprendió del todo, ya que siempre había pensado que los recuerdos del Holocausto que yo mismo había encontrado provenían sobre todo de mi padre (hablaremos de ello más adelante).

La pregunta clínica relacionada a esta transmisión era cómo ayudar a mis clientes a curarse de un trauma ancestral profundamente arraigado que se transmitía de generación en generación. ¿Cómo podía capacitar a estas personas, y a mí mismo, para curarnos de huellas de memoria tan alarmantes cuando el trauma nunca nos había ocurrido personalmente? Esta investigación también fue muy relevante para las personas de color y pueblos indígenas.

Cuando hablé públicamente por primera vez de estas transmisiones generacionales en *Curar el Trauma*, publicado en ingles en 1996 como *Waking the Tiger: Healing Trauma*, a menudo fui criticado por hacer sugerencias tan absurdas. Sin embargo hoy, en 2023, un número cada vez mayor de estudios han confirmado dicha transmisión ancestral e incluso se ha descifrado la base molecular de ciertos tipos de "transmisión epigenética" al valerse de experimentos con animales.

Hace poco me topé con los escritos de un "viejo amigo" que, mucho antes de que existieran tales investigaciones y de mis especulaciones sobre la transmisión generacional, postulaba una perspectiva similar sobre las influencias ancestrales. Carl G. Jung, en su libro *Tipos psicológicos*, escribió: "Se representan todas las experiencias que han sucedido en este planeta desde tiempos primigenios. Cuanto más frecuentes e intensas fueron, más claramente se concentran en el arquetipo"[3]. Esta podría ser una de las razones por las que las guerras nunca terminan de verdad y por las que "no hay guerras que acaben con todas las guerras".

En una de mis últimas e imaginarias cenas con Einstein saqué a colación estas cuestiones del trauma ancestral, sobre todo en relación con mis observaciones clínicas de los hijos y nietos del Holocausto, así como algunas de mis impresiones con clientes negros que parecían llevar el legado omnipresente de la esclavitud, injusticia racial y explotación sobre sus hombros y en sus corazones. Luego, al tener el privilegio de trabajar con algunas comunidades indígenas, noté que también cargaban con un gran peso de su genocidio cultural en las Américas*.

Cuando le transmití estas reflexiones a Einstein, lo vi jadear mientras su rostro palidecía. Estaba visiblemente conmocionado por mi discusión sobre el Holocausto y me pareció ver lágrimas bajando por sus mejillas. Ambos estábamos sobrecogidos y sin habla. Como

*Estos efectos corrosivos se han visto reforzados por los legados actuales, tanto explícitos como implícitos, del racismo sistémico, que sigue existiendo hoy en día y se suma a la carga de la gente de color en muchas partes del mundo.

en un sueño, lo imaginé conduciéndome a un estanque, en un espacio abierto del bosque, con un agua tan cristalina como la superficie de un espejo. Luego puso una hilera de piedrecitas sobre una vara de medir, que luego sostuvo por encima del agua. Mientras estábamos allí sentados, inclinó la vara y todas las piedras cayeron al agua al mismo tiempo, lo que provocó la formación de ondas concéntricas que se movían hacia afuera, entrecruzándose, expandiéndose en el espacio y en el tiempo. Si las ondas se pudiesen "atascar" en el punto de intersección, se distorsionaría el movimiento de todo el patrón ondulatorio. En mi ensoñación, Einstein llamó a estas fijaciones "puntos de ego"; era un término extraño, pero comprendí su significado. Continuó ilustrando cómo, con cada una de estas fijaciones, los frentes de onda se distorsionaban a partir de ese punto, para siempre, si es que no se alteraban por completo. ¿Pero cómo? ¿Cómo se podía "neutralizar" un número suficiente de puntos fijados para que la persona pudiera pasar de la fijación al flujo, de las distorsiones a la expresión y a la expansión sin trabas? Esta transformación, como luego aprendería, implicaba trabajar con los "patrones energéticos encarnados" que subyacen en las transmisiones ancestrales. Este descubrimiento fue también un paso importante en mi propia sanación.

Dejando atrás mis ensoñaciones, levanté la vista de la mesa e imaginé que nuestras miradas se encontraban en una prolongada quietud.

–Profesor –murmuré, rompiendo el silencio –en ese caso, el truco consistiría en buscar la manera de **despegar** suficientes puntos de fijación para que el frente de onda volviera a ser coherente, mientras los círculos continúan su trayectoria hacia fuera, expandiéndose en el espacio y en el tiempo. ¡Sí! ¿Pero cómo hacerlo?

–Peter, –le imaginé diciendo con especial énfasis –debo dejarte a ti encontrar esa respuesta.

–Sí, doctor Einstein, creo que puedo encontrar la forma de hacerlo*.

–Entonces ya no me necesitarás; ya queda en tus manos, –me contestó.

Si bien no recuerdo si este fue nuestro último encuentro, de seguro fue cerca del final de nuestras cenas juntos en Beggar's Banquet. Fue una celebración con lágrimas agridulces.

Trauma de la concepción

En uno de mis viajes ocasionales a la ciudad de Nueva York, me armé de valor y le pregunté a mi madre si había notado algún cambio en mi comportamiento en la época de la violación. Cuando le describí brevemente lo que había ocurrido aquel día en el parque, se puso rígida, en actitud defensiva, y me sorprendió cuando dejo escapar: "Peter, no creo que esa violación ocurriera de verdad. En cambio, tu padre sí me violó a mí; así es como fuiste concebido". Me quedé boquiabierto. ¿De qué estaba hablando? ¿Estaba negando mi experiencia? Continuó explicando que mi padre, para reducir sus posibilidades de ser reclutado para luchar en la Segunda Guerra Mundial, ¡la había violado para dejarla embarazada de mí! No sé por qué dejó de lado mi violación para proponer la suya propia como la devastación instrumental. De manera sorprendente, ella creía que me había transmitido su experiencia sobre la violación en el momento mismo de mi concepción. En el instante en que el espermatozoide de mi padre penetró en su óvulo, esta implantación fue el comienzo

*Una razón por la que Einstein podría haber utilizado el término "puntos de ego" era para referirse, y posiblemente confesar, su relación narcisista y explotadora con su primera esposa, Mileva Marić. Pero esa es otra historia, de la que solo me he enterado en los últimos diez años. En cualquier caso, sus defectos personales no cambian el regalo de mi encuentro (imaginario) con este gran hombre de ciencia.

de mi vida herida. Una vida en la que yo era fundamentalmente "malo", ya que había arruinado cualquier oportunidad que mi madre pudiera haber tenido de desarrollarse como científica, música y artista, un lastre que cargué durante muchas décadas*.

Al trabajar con miles de personas he observado, consistentemente, que las "huellas" perinatales no solo son posibles, sino que la transmisión transgeneracional o ancestral del trauma parece ocurrir tanto en el momento de la concepción como en el período perinatal inicial. Pero lo que me más me asombró fue cómo mi madre percibió que su trauma, de la violación perpetrada por mi padre, me fue transmitido en el momento de concepción. Habiendo escuchado su punto de vista, comprendí claramente que la experiencia de ambos era auténtica: a mí si me habían violado en el parque.

A partir de las sesiones continuas con mi colega tenía vívidos recuerdos implícitos o "corporales" del suceso. Además, en la época de mi violación, sufría de ansiedad extrema y comportamientos similares a los del trastorno obsesivo-compulsivo (TOC); siempre evitaba pisar las grietas de las aceras, rezaba y ma arrancaba el pelo compulsivamente, hasta quedarme con pequeños claros en la cabeza. Pienso que mis padres no se percataron de estos comportamientos y asumieron que no pasaba nada, a pesar de la amenaza generalizada que se cernía sobre nuestra familia, por eso mi madre pudo desechar mi relato de la agresión.

Su acusación contra mi padre está corroborada por un informe similar de uno de mis hermanos, quien me contó que nuestro padre también violó sus límites sexuales. Cuando mi hermano al fin lo confrontó, en su lecho de muerte, mi padre afirmó que lo había

---

*Cuando empecé la psicoterapia, tuve un sueño importante que hablaba de la complicada relación que compartía con mi madre. Exploraré el sueño a detalle en el capítulo 4.

hecho para "estrechar lazos" con él. En cuanto a la creencia de mi madre de que la había violado, mi padre insistió: "Es que era muy apasionado y quizá perdí el control". Esta fue su versión de la historia. Pero sea cual sea la verdad definitiva, me asombra la complejidad de las redes que descubrimos al buscar entre las piezas de nuestras vidas y cómo hace falta paciencia y fortaleza para desenredar poco a poco este retorcido ovillo de hilo emocional.

Al reflexionar sobre la aleccionadora intuición de mi madre sobre mi "trauma de concepción", su revelación me pareció angustiosa, pero al mismo tiempo iluminadora y liberadora. Me ayudó a comprender mejor mi lucha por sentirme a gusto en esta encarnación, a sentirme cómodo con mi propia piel en esta vida.

Mis propias lesiones también me han ayudado a comprender mejor las luchas de muchas personas que sienten que no pertenecen al mundo o que no tienen derecho a existir. Estos sentimientos indefinidos parecen no estar relacionados con ningún acontecimiento traumático específico. Los orígenes de estas experiencias perinatales y de la concepción son imprecisos, pero no se puede negar la influencia determinante que ejercen sobre nuestros comportamientos y emociones.

He aquí algunas reflexiones más sobre mi madre: reconozco que he sido dotado con algo de su sabiduría innata e intuitiva y, aunque agradezco este don, ello no la exonera de la frialdad, el desprecio y la negligencia que mostró durante mi educación. Mis recuerdos de haber sido menospreciado e ignorado me han provocado, en varias ocasiones, oleadas de ira ardiente que emanan de dentro de mi diafragma. Sin embargo, esta ira, cuando se experimenta plenamente como una sensación intensa, me ha aportado vivacidad, vigor y poder. Es lo que yo llamo "agresión sana": un vehículo importante para avanzar en la propia vida, más allá de los bloqueos y las heridas.

Si mi madre hubiera nacido en nuestro momento actual de la historia, puede que se le considerara una "intuitiva", dotada de unas capacidades psíquicas excepcionales. Así que, mamá, te doy las gracias de nuevo por compartir esos preciosos dones y esas contribuciones, que han apoyado mi desarrollo y mis habilidades como terapeuta y maestro.

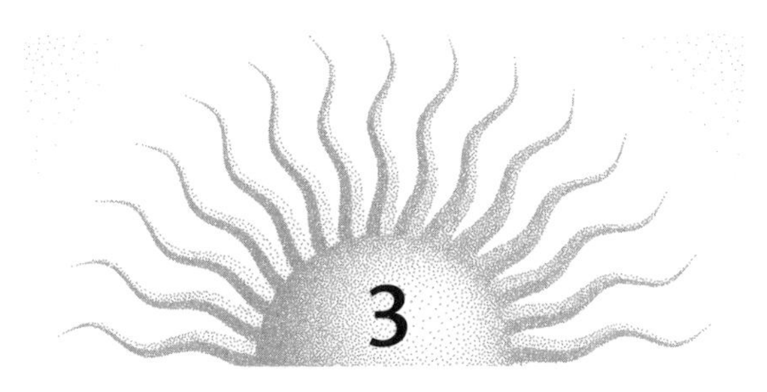

3
Los sueños muestran el camino

Un tesoro que guardar

Este es un sueño, hacia 1980: Estoy dentro de una pequeña habitación donde me encuentro con un hombre de presencia luminosa. Lleva puesta una túnica negra con bandas moradas sobre los hombros que fluyen hacia la parte delantera; parece autocontenido y profundamente contemplativo. El hombre se acerca a mí, despacio pero deliberadamente, sosteniendo con cuidado una caja de madera envejecida con tapa abombada, sujetada por dos correas de latón que ciñen su grosor. La caja se encuentra taponada herméticamente con una cerradura ornamentada de latón.

Nos miramos en silencio y entonces me tiende con cuidado la caja, ofreciéndomela y yo la tomo y la acuno entre mis brazos. Me transmite, sin palabras, que se me ha encomendado llevarla a través de una puerta que conduce a otra habitación. En el otro extremo de esa habitación hay una caja fuerte de hierro fundido con una cerradura de combinación. Entiendo que es mi responsabilidad abrirla y depositar la caja allí para "mantenerla segura".

Al despertar de este sueño me encontré muy confundido, así que –como suelo hacer– me concentré en las distintas imágenes del sueño y tomé nota de las sensaciones y sentimientos corporales que experimenté. Iba y venía entre esas imágenes y sensaciones y observaba lo que surgía espontáneamente. Mientras me concentraba en la imagen de la caja, me encantó darme cuenta de que era como el cofre del tesoro de uno de los libros favoritos de mi infancia: *La isla del tesoro,* de Robert Louis Stevenson. Pero, ¿qué intentaba decirme el sueño? ¿Qué me estaba perdiendo? ¿Existía un código que, de algún modo, tenía que descifrar y que era representado por la combinación de la caja fuerte? Aún más extraño era el misterio de lo que había en el interior de la caja y por qué era mi tarea colocarla dentro de la caja fuerte. Pero por más vueltas que daba a estas preguntas, no conseguía encontrar ninguna respuesta.

Esa misma semana, mientras asistía a una fiesta en Boulder, Colorado, conocí a una joven llamada Elaine. Tras una charla cortés establecimos una conexión interpersonal. Nuestro intercambio evolucionó hacia una discusión seria sobre libros, música, espiritualidad y la vida y el trabajo que había estado desarrollando.

Me sentí lo bastante cómodo como para contarle mi reciente sueño a Elaine y ella se interesó, sobre todo, en el hombre que me había entregado el cofre, por lo que me pidió describírselo a detalle. Entonces, me invito que la siguiera a una habitación tranquila en la parte trasera de la casa. En una hermosa caligrafía, escribió en una ficha el nombre y el número de teléfono de un lama tibetano que vivía en Berkeley, California, que había sido su maestro espiritual. Doblé la tarjeta, la guardé en la cartera y allí se quedó.

Más o menos un año después yo estaba en Berkeley, daba clases y me alojaba con mi amiga y colega Anngwyn en su casa de Strawberry Canyon. Estaba buscando algo en la cartera cuando la tarjeta con el nombre del lama cayó al suelo; aparentemente fue un "accidente" afortunado. La recogí, me reí entre dientes y decidí llamar al número que aparecía en ella; contestó uno de los alumnos del lama y pedí hablar con él. Con timidez, le pregunté si estaría dispuesto a reunirse conmigo, a lo que aceptó amablemente, así que enseguida llamé a un taxi. Veinte minutos después llegué y me dio la bienvenida ofreciéndome una taza de té.

Le dije que Elaine, su antigua alumna, pensaba que el trabajo que había estado desarrollando podría tener puntos en común con las tradiciones budistas tibetanas. Mientras describía mi teoría y práctica, el lama escuchó con atención, sirvió otra taza de té para ambos y asintió con suavidad. Al final dijo: "Lo que has descrito tiene mucha correspondencia con la tradición Kum Nye* del budismo tibetano". Sin embargo, continuó explicando, los principios que yo había esbozado eran "más universales que una sola tradición" y habían evolucionado a partir de muchos métodos curativos utilizados en todo el mundo a lo largo de los tiempos. Añadió una última idea: que esta sabiduría perdurable procedía probablemente de las religiones celtas de la Edad de Piedra.

Ese mismo día, me apresuré a ir a la biblioteca de la Universidad de Berkeley y empecé a buscar información sobre las religiones celtas de la Edad de Piedra. Allí descubrí una imagen de Newgrange, un templo construido en el 3200 a. C., hace más de cinco mil años. Para entrar en el santuario interior, un peregrino visitante debe pasar por una piedra de vigilancia inscrita con vórtices emparejados. A juzgar por la imagen, parecía que también había un tercer vórtice, tal vez indicando la toma de consciencia de ambos vórtices. Véase la lámina 3.

*El principio fundamental de Kum Nye es que, para el practicante experto, todo el universo se encuentra en la interioridad sentida del cuerpo, en forma de sensaciones físicas cada vez más sutiles. En Somatic Experiencing se evocan niveles similares de sensación en la "renegociación" del trauma.

La imagen me reveló al instante el significado de mi sueño. Ahora comprendía, con total claridad, que mi tarea en esta vida consistía en ayudar a mantener viva esta antigua sabiduría y guardarla en un lugar seguro. El significado de la imagen del sueño, en la que yo depositaba el cofre del tesoro dentro de la caja fuerte al fondo de la habitación, ahora parecía más claro. Mi legado de vida consistía en develar el código: encontrar una comprensión biológica y neurofisiológica actual de la sanación y transformación. Este replanteamiento de conocimientos antiguos, preliterarios y chamánicos, así como la recuperación de su sabiduría universal, permitiría que todo este saber permaneciera vigente y relevante en el mundo actual, dominado por el pensamiento científico. Parecía que se me había encomendado la tarea de mantener a salvo este tesoro perenne para las generaciones actuales y futuras.

Cuando medito sobre este propósito de vida, veo que ha sido un privilegio y un don, además de una misión desmesurada y un tesoro incomparable. Sin embargo, a veces también ha sido una travesía solitaria, una carga agotadora que levantar y una obligación limitante. Muchas veces ha tenido prioridad sobre las relaciones personales, e incluso sobre el matrimonio y la familia, aunque –por suerte– he sido bendecido con mis maravillosos ahijados Alana Rose, Ossian, Jacob y Jada.

Un sueño anterior (hacia 1964)

El camino correcto hacia la plenitud
está hecho de desvíos fatídicos
y giros equivocados.

Carl G. Jung

Recuerdo otro sueño que tuve más de quince años antes: un hombre conducía un auto descapotable Hudson de 1948 por el río Hudson, como si fuera un barco. Al pasar por debajo del puente George Washington, miraba al cielo, agitaba el puño y ordenaba en voz alta: "¡Dios, si existes, dame una señal!". Pero no se daba cuenta de que el intermitente izquierdo, situado debajo del volante, parpadeaba con una pequeña luz verde.

Para quien no lo sepa, el Hudson es un automóvil que se fabricó en la década de 1940 y los autos de aquella época no tenían intermitentes, así que, para indicar cualquier maniobra a terceros, el conductor tenía que utilizar señales manuales para mostrar si su intención era girar a la derecha, a la izquierda o bien detenerse. Pero alrededor de esta época se pudo montar un aparato, un interruptor de giro cerca de la parte inferior de la columna de dirección, el cual se conectaba a las luces traseras del auto. La luz intermitente (que señalaba los cambios de dirección) se montaba en la columna de dirección y solo era visible si le prestabas atención. Creo que este tipo de percepción y atención refleja la manera acertada para sintonizarnos con las sincronicidades.

A partir de este sueño llegué a comprender que, en distintos momentos de mi vida, Dios me ha hablado, pero a menudo no me he percatado de su guía, y tomarme estos mensajes más en serio y a consciencia me ha llevado a lo que Carl G. Jung llamó "sincronicidades". Estas coincidencias significativas (o coincidentes) me han orientado a nivel personal, profesional y espiritual. Sospecho que mis conversaciones con Albert Einstein fueron un ejemplo de cómo fui tocado por estas fuerzas creativas numinosas y guiado en direcciones que mi mente consciente no podía comprender plenamente en aquel momento.

La duda de si estos encuentros con Einstein fueron reales o no pasa por alto lo esencial: esas visitas y conversaciones fueron absolutamente reales en función de lo que Jung denominó el inconsciente colectivo. Quizás también coinciden con lo que ahora se ha denominado "registros akáshicos", como se menciona en el capítulo 2. Se trata de una crónica, un compendio de todos los acontecimientos, pensamientos, palabras, emociones e intenciones de la humanidad ocurridos en el pasado, el presente y el futuro. Los teósofos creen que estos eventos están codificados en un plano de existencia no físico conocido como "plano mental". Yo sugeriría que estos registros también están encarnados en los campos espacio-temporales de energía-conocimiento-sabiduría, donde Albert y yo nos reunimos para nuestras conversaciones en Beggar's Banquet. O sea, en la indagación de determinar cómo acceder a este dominio de sabiduría interior a través de los sueños y las sincronicidades coincidentes. Al igual que en mi sueño, es esencial concientizar ese parpadeo de luz intermitente. Volviendo a mi sueño en el que se me encomendaba custodiar el tesoro, me di cuenta que se trataba de otra ocasión en la que escuchaba a Dios y recibía su guía divina en forma de imágenes, sueños y sensaciones viscerales. Estos despertares intuitivos son los que me han permitido asistir, dar a luz y cuidar de mi obra vital, un regalo a mí mismo y a la humanidad.

Para mantener al método SE a salvo, como en mi sueño, me he visto obligado a ceñirme a sus componentes científicos y clínicos, y no he abordado abiertamente sus dimensiones espirituales intrínsecas. Sin embargo, además de apreciar el papel de las sensaciones corporales en la sanación del trauma, también me he dado cuenta que de las sensaciones corporales surge un universo de estados misteriosos y trascendentes; quizá lo que Carl G. Jung denominó el *mysterium tremendum*: el gran misterio de la vida misma. Parece que esto es lo que se entendía y practicaba como tradición Kum Nye dentro del budismo tibetano. En un capítulo posterior intentaré corregir mis dificultades a lo largo del camino a la hora de abordar tan importantes y convincentes experiencias numinosas en mi trabajo científico.

Me ha resultado absolutamente evidente que muchas de las aparentes "coincidencias" que he encontrado a lo largo de mi vida eran, de hecho, sincronicidades. Se trataba de guías del espíritu a lo largo de mi viaje, aunque a menudo yo ignoraba su presencia. Apenas la noche antes de escribir estas palabras tuve uno de estos sueños épicos. Al despertar, no anoté los recuerdos en mi libro de sueños. ¡Maldita sea! Sin embargo, no me castigo por tales lapsus. Si soy capaz de sumergirme en la presencia omnímoda del espíritu, mediante la autoaceptación, puedo esperar, con ilusión, el encuentro nocturno con el plano onírico.

Esto me recuerda una bonita peregrinación que hice una vez con unos amigos a la Abadía de la Virgen Negra de Einsiedeln, Suiza. En ese entonces estuve en contacto directo con la Madona, esa profunda presencia femenina reconfortante; recordatorio de que ella está y estará siempre presente. Como dice la canción de los Beatles escrita por Paul McCartney: "Cuando me encuentro en momentos difíciles, la madre María acude a mí pronunciando palabras sabias: déjalo ser". Ahora sé que cuando más me sienta solo, perdido y a la deriva, la diosa estará ahí para sostenerme y consolarme, si tan solo pudiese aprender a confiar en su abrazo.

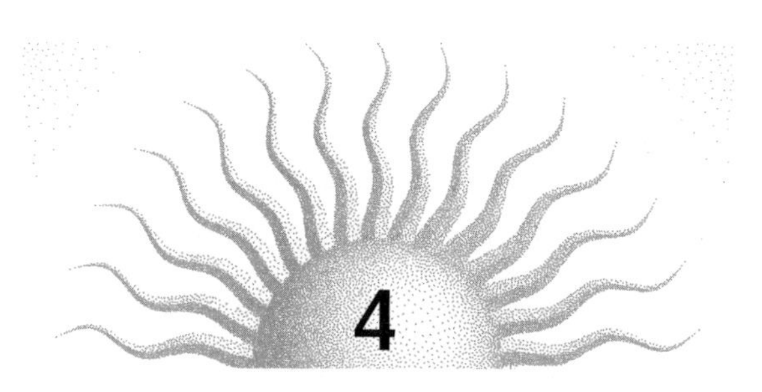

4
Lágrimas ocultas: una apertura psicodélica

El duelo es amor que no tiene a dónde ir.

WAYNE GRIGSBY Y
LOUISE PENNY, *THREE PINES*

Aquí ofrezco otro de mis sueños, mediante cuya exploración intento conocer una parte oculta y tierna de mí mismo. Espero que mis reflexiones sobre este sueño sean también una invitación para que me acompañes en esta parte de mi viaje de sanación.

Cuando empecé mis primeras sesiones de psicoterapia en 1964 tuve otro sueño revelador: llevaba un pesado tronco por una colina empinada y en su extremo delantero lo iba sujetando yo; y, por detrás, cargando el otro extremo iba mi madre. Cada uno llevaba un *walkie-talkie* en la mano. Por encima de nosotros había un pico de montaña helado y cubierto de nieve y, en la cima, había una llama blanquecina, producto de una hoguera de manganeso oxidado; lo más frío estaba abajo y lo más caliente estaba arriba.

Más tarde, mientras reflexionaba sobre este inquietante sueño, me afectó darme cuenta de que el pesado tronco era una carga profunda que había llevado toda mi vida y que, en realidad, mi madre no me había ayudado a sobrellevar, sino que solo me había dado órdenes a través de su *walkie-talkie*. La montaña helada y la llama abrasadora representaban los intensos extremos de su personalidad: su profunda frialdad y su calor volcánico. Podía tanto congelar como quemar; tal era el crisol de nuestra problemática relación.

Y así como a mí me dolieron sus extremos imprevisibles, de igual forma me entristece el sufrimiento que le he causado a algunas de mis parejas íntimas en los momentos en que me encendía y luego, de repente, me apagaba. Soy consciente, con dolor, de mi tendencia a alejarme y ser frío, para luego estallar con fuego y pasión. Anhelo transformar este círculo de dolor en un círculo de gracia, perdón y conexión. Por suerte, en mis últimos años me he vuelto más equilibrado en mis afectos y estados de ánimo. Aquí hablaré de algunos de mis pasos en este viaje.

Recuerdo perfectamente que, cuando murió su hermana menor, a mi padre se le soltaron las lágrimas: fue la primera y única vez que lo vi mostrar tristeza o cualquier otra emoción, salvo raros estallidos de ira o momentos de felicidad. Por su súbita expresión de pena y dolor, mi madre le reprendió severamente: "Morris, las lágrimas no la traerán de vuelta". Quizá intentaba ayudar, pero lo más probable es que sus duras palabras se debieran a la represión de sus propios sentimientos durante toda su vida. En cualquier caso, aquel momento en que reprimió la vulnerabilidad de mi padre tuvo un impacto duradero en mí. Cuando mis padres me dijeron que mi querida tía "Sunshe", apodo de Sonia, habia muerto, corrí al baño y cerré la puerta para que mi madre no pudiera verme, y allí luché a solas con mi dolor. Para evitar que mi madre me congelara con su dura mirada de Medusa, aprendí a contener las lágrimas cada vez que surgían.

Lámina 1. Johnny "Dio" Dioguardi, el capo de la Mafia que causó inconmensurable dolor, no solo a mi familia sino a muchas otras, durante su vida de crimen y asesinatos. Él es la encarnación del tipo de trauma intenso por el cual el tigre interior debe despertar, para luchar contra él y superarlo. *Créditos: Bettmann*

Lámina 2. El profesor desaliñado con el que disfruté de muchas conversaciones útiles y sanadoras a través de la imaginación activa. Albert Einstein se convertiría, en cierto sentido, en mi guía espiritual. *Fotografía de Oren Jack Turner, Princeton, Nueva Jersey.*

Lámina 3. Piedra guardiana a la entrada del templo celta de Newgrange. Esta fotografía reflejó inmediatamente el significado de mi sueño y me reveló con claridad lo que debía hacer en la vida: mantener viva la sabiduría antigua. En efecto, los sueños muestran el camino. *Créditos: Dave Keeshan, CC BY-SA 2.0.*

Lámina 4. Mi padre, Morris, a finales de sus años veinte. Los recuerdos que tengo de él cantándome canciones y leyéndome cuentos antes de dormir se encuentran entre los más especiales.

Lámina 5. Mi madre, Helen, tenía unos ojos almendrados, oscuros y penetrantes, y una mente inteligente y brillante; además, fue dotada con notables facultades de intuición. Siempre le estaré agradecido por su apoyo en mi camino para convertirme en sanador y maestro.

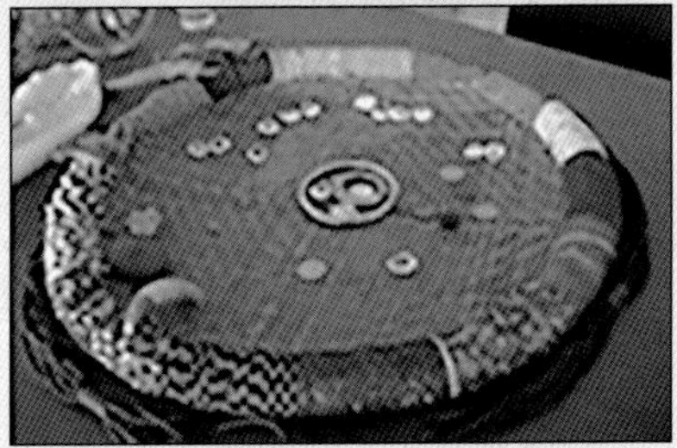

Lámina 6. Los instrumentos de adivinación de la concha de cauri, o como se llama en Brasil, *jogo de búzios*. Con la lectura de los *búzios* mi amigo chamán, Henrique, me dio el consuelo que tanto necesitaba ante la muerte de mi madre, tras mi errónea creencia de que podía haberse suicidado.

Lámina 7. *First Furlough*, acuarela de Quincy Tahoma, artista navajo. Esta encantadora obra expresa la felicidad del retornó a los hogares de los guerreros navajos, quienes recibieron apoyo en el reencuentro con sus familias por medio de rituales de sanación. *Cortesía del National Museum of the American Indian, Smithsonian Institution.*

Lámina 8. Charlotte Selver. Una de mis maestras de meditación bajo el método *Sensory Awareness*, que me enseñó a experimentar plenamente la corporeidad y la conexión con el mundo. Una mujer maravillosa y brillante que vivió, amó y enseñó hasta los 102 años.
Cortesía de Stefan Laeng.

Lámina 9. Charlotte junto a su antigua alumna y colega del método *Sensory Awareness*, Judyth O. Weaver, también formada en el método SE. *Cortesía de Judyth O. Weaver*

Lámina 10. La indomable Ida Rolf, que también nació en el Bronx y ocupa un lugar especial en mi corazón como, sencillamente, mi "abuela". Ella me enseñó la importancia de ver realmente lo que estoy mirando, una tarea que no siempre es tan sencilla. Aquí aparece con una flor rosa en el pelo. *Cortesía del Dr. Ida Rolf Institute®.*

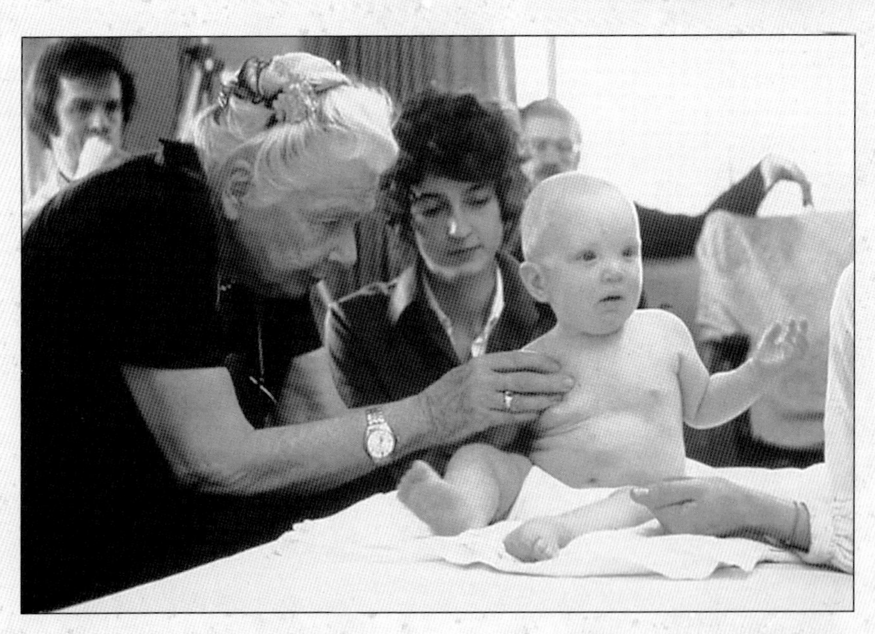

Lámina 11. Ida trabajando con un joven paciente. Sus ideas sobre la importancia de trabajar con bebés y niños influyeron considerablemente en mi trabajo. *Cortesía del Dr. Ida Rolf Institute®.*

Lámina 12. Mira Rothenberg, autora de *Children with Emerald Eyes* y una de mis mentoras más queridas. Su trabajo con niños autistas y con trastornos emocionales era sobrecogedor. Era contundente y a veces, dura, pero profundamente bondadosa. Mira estaba dotada de una rara habilidad para conectar, incluso con los jóvenes más problemáticos. *Cortesía de Akiva Goldsman.*

Lámina 13. Mira con su hijo Akiva, sentados en la entrada de su casa de Brooklyn. Kivie, como le llamaba Mira, se convirtió en guionista de la película ganadora del Oscar *Una mente brillante*, entre otros conocidos proyectos.

Lámina 14. Aharon Katchalsky, aclamado científico y uno de mis profesores de biofísica de posgrado. Su brillante mente matemática, aunque a veces me superaba, acabó inspirando mi trabajo. Por desgracia, perdió la vida en un atentado terrorista en el aeropuerto Ben Gurion en 1974. *Cortesía del Instituto Weizmann.*

Lámina 15. Ilya Prigogine, Premio Nobel de Química en 1977. Su trabajo sobre las estructuras disipativas y las conclusiones de la "entropía negativa" abrieron un portal a mi comprensión de la valoración: introducir poco a poco y despacio solo la cantidad adecuada de estímulos traumáticos para regular el sistema nervioso. Con la dosis adecuada, el veneno es la cura. *Imagen de dominio público.*

Lámina 16. René Thom, inventor de la Teoría de las Catástrofes y soñador en un mundo de intelectuales. Sus cálculos explican cómo los cambios lentos en la naturaleza pueden producir resultados repentinos y drásticos. La aplicación de sus ideas al sistema nervioso también respaldó mi uso de la valoración. *Fuente: Konrad Jacobs, Erlangen, © MFO, CC BY-SA 2.0.*

Láminas 17 y 18. Examina estas dos imágenes y presta atención a lo que sientes en tu cuerpo. ¿Qué pensamientos producen estas imágenes en tu mente? Si fueras un recién nacido, ¿cuál elegirías? *Lámina 17: Imagen cedida por cortesía de Dotdash Meredith, Ladies' Home Journal®, 1945.*

Lámina 19. Euphrasia Nyaki o como yo la conozco, Efu, antigua alumna mía y una de los más de setenta formadores del método *Somatic Experiencing* (SE) que hoy en día enseñan mi trabajo en todo el mundo. Estoy eternamente agradecido con Efu y sus colegas por responder al llamado de la sanación; son el futuro del método SE. *Cortesía de Efu Nyaki.*

Lámina 20. Querido niño precioso,
te llevo en mi corazón.

Unos años más tarde, mi querido abuelo Max, una importante figura de apego para mí, murió de un repentino ataque al corazón. Recuerdo con cariño cómo me sentaba en su regazo y jugaba con su reloj de bolsillo, un regalo que recibió en reconocimiento por su trabajo como plomero en la construcción de submarinos para la Segunda Guerra Mundial, en el astillero naval de Groton, Connecticut. Yo mismo fui designado como portador del féretro en su funeral y, mientras emprendíamos la lúgubre caminata hacia la carroza fúnebre, al mismo tiempo sofocaba mis sollozos de dolor mordiéndome los labios con tanta fuerza que me sangraron.

Lágrimas recuperadas

Ya de adulto empecé a preocuparme por lo que parecía un hábito nervioso: me mordía la parte inferior derecha del labio cuando estaba inquieto o estresado*. Durante una de mis sesiones de terapia ralenticé este movimiento y tomé consciencia de su impulso interno, así pude establecer la conexión emocional con mi dolor por la pérdida de la tía Sunshe y el abuelo Max, y pude liberarme así de ese hábito motor repetitivo. Fue así como pude llorar con más libertad. Al principio conseguí llorar releyendo libros de mi infancia, sobre todo libros de aventuras para niños de la edad que yo tenía cuando fui portador del féretro, como *Tom Sawyer* y *Huckleberry Finn*, de Mark Twain. También vi películas que conmovieran mis emociones para que me ayudaron a abrirme poco a poco al dolor de mi niño interior abandonado. En ese momento pude recuperar mejor a este niño herido, con amor, autocompasión y con lágrimas de alivio.

---

*Uno de mis alumnos me sugirió que viera una entrevista con el príncipe Harry. En ella podía apreciarse claramente que también se mordía el labio cuando hablaba de su dolor por la muerte de su madre.

Lágrimas de sangre

Como medio para permitir una mayor vulnerabilidad y una conexión íntima más profunda, seguí buscando mis lágrimas y entregándome a ellas. Recuerdo una apertura muy importante que ocurrió en 1967, cuando estaba con mi novia de Berkeley, Ellie, quien era cantante en un grupo de *folk*, *jazz*, *country*, *swing*, música *blue-grass* y música gitana llamado *Dan Hicks and the Hot Licks*. En muchas ocasiones fueron teloneros, en el Fillmore West de San Francisco, de artistas de la talla de Janis Joplin, Jefferson Airplane, Grateful Dead y Canned Heat, por mencionar algunas cabezas del cártel del rock. Como podrás imaginar, había drogas y alcohol en abundancia.

Un día, Ellie y yo fuimos al rancho de su padre en Mendocino, California, y decidimos tomar LSD. Mientras nos adentrábamos en el bosque, me invadió un pavor y una desesperación inmovilizantes. De algún modo, supe pedirle a Ellie que me abrazara. Entonces aluciné con la imagen de una lágrima, que se llenó de sangre roja brillante y de donde emergió un corazón palpitante. Se me salieron las lágrimas y estuve sollozando en silencio durante una hora en sus brazos. Parecía que el estado de parálisis, por el miedo ante la mirada sofocante de mi madre, se había desvanecido. A medida que continuábamos nuestro paseo, todo lo que había en el bosque, en especial los helechos, cobraba vida, de la misma forma en que yo lo hacía.

Tiempo después reflexioné sobre esta imagen con una amistad cercana. Quedó claro que la sangre que llenaba la lágrima y el corazón que latía hacían alusión a la liberación de todo mi dolor reprimido. Pero más que eso, la sangre y el corazón palpitante simbolizaban la recuperación de mi vitalidad, de mi fuerza vital. Sin embargo, si no hubiera sido capaz de rendirme al abrazo de Ellie, es probable que hubiera acabado en un "mal viaje" conducente a un terror infinito.

El último chamán

Con frecuencia me han preguntado mi opinión sobre el uso de psicodélicos y alucinógenos en terapia. Al haber alcanzado la mayoría de edad en Berkeley en la década de 1960, sin duda probé la marihuana, el LSD y otros alucinógenos. En los años setenta conocí el MDMA, originalmente llamado ADAM, y conocido mucho tiempo después como la "droga de las fiestas": el éxtasis. También probé el MDA, un análogo más potente del MDMA. Ambas drogas eran totalmente legales en la década de 1970 y fueron sintetizadas por un químico alocado y moderno del Área de la Bahía llamado Sasha Shulgin. Por aquella época, un psiquiatra de Berkeley, de nombre Leo Zeff, empezó a dirigir sesiones de terapia para parejas en las que les administraba MDMA para apaciguar su actitud defensiva, ayudarlos a conectar con sus verdades interiores y abrir sus corazones para comunicarse con honestidad. Por último, un pequeño grupo de nosotros utilizó la MDMA para asistir a la psicoterapia, como forma de ayudar a las personas a tomar una distancia compasiva de sus heridas y traumas, para que pudieran observar, procesar y curarse mejor.

Estos encuentros me ayudaron a desarrollar el método Somatic Experiencing, donde el enfoque orientado al cuerpo me ha permitido ayudar a mis clientes a conseguir muchos beneficios sin el uso de psicodélicos. Sin embargo, he notado que una relación sinérgica entre ambos enfoques podría ser muy beneficiosa, sobre todo el proceso de preparación para el viaje psicodélico con prácticas e intenciones de limpieza, así como el seguimiento posterior con revisión e integración de las sensaciones corporales.

La importancia de la preparación ha quedado demostrada de una manera conmovedora en *El último chamán*, película que me conmovió hasta lo más profundo. Este documental trata de un joven que padece depresión crónica y prueba una medicación tras otra e incluso se somete a la TEC, o terapia electroconvulsiva, antes conocida como tratamiento de electrochoque. Sus padres, profesionales ambos, aunque se ocupaban de su bienestar económico y académico, carecieron, evidentemente, de toda capacidad para satisfacer sus necesidades humanas básicas de bebé y niño pequeño; o sea que no le proporcionaron lazos afectivos ni contacto físico, reflejo y calidez emocional. En cierto modo, podía identificarme con su difícil situación. En esta película, el joven busca con desesperación en el altiplano peruano a un chamán para obtener ayahuasca, un potente psicodélico de origen vegetal. Sin embargo, al ver a un chamán tras otro, se decepciona al darse cuenta de su codicia por el dinero y poder. Es testigo de cómo algunos de ellos utilizan su carisma para manipular y ejercer control sobre quienes buscan ayuda, todo ello para alimentar su ego y sus ansias de poder. Al fin, el joven conoce a Pepe, un chamán mucho más auténtico, en una remota aldea de montaña, quien lo acoge bajo su protección y le aconseja ciertos rituales diarios que debe practicar durante un mes. Solo después de hacerlo podría emprender el viaje psicodélico con el chamán.

A medida que el joven emplea diligentemente estos rituales, lo vemos establecer vínculos con las cariñosas familias del pueblo, en especial con los niños. Cuando por fin le dan ayahuasca, se ve cómo estas sencillas personas de la montaña le ofrecen consuelo y compasión y, por tanto, influyen en su transformación. De hecho, puede que este ambiente apacible haya sido tan importante como los rituales diarios de preparación. Creo que fue la combinación de la ayahuasca, las prácticas rituales y la calidez y estabilidad del sistema de apoyo de su aldea adoptiva lo que lo ayudó a aligerar su carga de depresión, que no era más que una angustia profunda derivada del entorno familiar vacío, frío y carente de emociones a lo largo de su infancia. Cuando por fin se quitó ese peso de encima, pudo encontrar una forma de avanzar en su vida.

El uso de sustancias psicodélicas es muy prometedor para la sanación, pero también existen peligros potenciales que deben examinarse de forma llana y abierta. Esta consideración crítica puede resultar difícil, ya que a veces vemos una aceptación casi mesiánica e ingenua de estas sustancias como panacea. En contraste con mi actitud *laissez-faire* y desenfadada de los años sesenta y setenta, respecto al uso terapéutico de estas sustancias, mi perspectiva actual es más reflexiva, comedida y, me apena decirlo, quizás más "conservadora". Citando la conmovedora canción de Joni Mitchell, grabada por primera vez por Judy Collins: "Ahora he mirado las nubes desde ambos lados"*.

En busca de una visión más equilibrada, resulta útil deconstruir la experiencia del joven con el chamán y la comunidad de la aldea a fin de ver cómo puede servir de marco para el uso terapéutico de estas poderosas sustancias. En primer lugar, podríamos fijarnos en la intención y preparación del joven en su búsqueda de sanación y del chamán correcto o, en otras palabras, de un guía versado en comprender los beneficios y riesgos de una sustancia concreta, cuándo utilizarla, en qué dosis y cómo hacer el seguimiento. De gran importancia es que, al igual que *El último chamán*, la integridad de Pepe, el guía o terapeuta, debe estar firmemente establecida por fuentes de referencia de confianza y por una comunicación sincera y clara entre el buscador y el terapeuta. Solo entonces debe utilizarse cualquiera de estos catalizadores, con el guía adecuado, un entorno estable y el importantísimo seguimiento. Hay que tener cuidado para integrar la experiencia y enraizarla en las sensaciones corporales.

---

*No aconsejo a nadie que pruebe los psicodélicos sin una cuidadosa preparación; debe hacerlo, además, con un guía experimentado, bien informado y con un seguimiento adecuado.

Además de facilitar el trabajo con traumas específicos, los psicodélicos también pueden ser valiosos cuando las personas, como el joven, sufren de una depresión "endógena" debido a la falta de calidez afectiva, apoyo y reflexión. Esto se debe, en parte, a que la psicodelia puede ayudar a las personas a abrirse a la "función trascendente", término utilizado por Carl G. Jung para describir la individuación espiritual. Así, pues, aunque no podamos cambiar el hecho de no haber recibido el calor y afecto de nuestros padres y cuidadores, podemos abrirnos a lo trascendente. Para mí, esta presencia enriquecedora tomó forma en la imagen arquetípica de la Virgen Negra. También pueden facilitar un estado de transformación similar otras sustancias, sobre todo una droga llamada 5-MeO-DMT. Una ventaja de esta sustancia es que su duración de acción es relativamente corta, de treinta a cuarenta y cinco minutos para el periodo más intenso, tras el cual el paciente tarda dos o tres horas más en volver a su estado mental habitual para tomar nota de lo que surge durante esa fase de integración. Como este tipo de sustancias son tan potentes, y envían al individuo a una realidad tan extraordinaria, requieren un alto nivel de preparación y seguimiento con un terapeuta familiarizado, no solo con la sustancia concreta, sino también con la forma de integrar la experiencia en el propio cuerpo. Hay un dicho de Papúa, Nueva Guinea: "El conocimiento es inútil hasta que vive en el cuerpo". Y lo mismo ocurre con el "conocimiento experimentado" (*gnosis*) que se obtiene de los psicodélicos y su enraizamiento en el cuerpo, en el aquí y ahora.

En resumen, una vez encontrado el guía adecuado, hay que considerar un segundo término: cómo prepararse para un viaje de esta naturaleza. En el documental se exige al joven que participe en rituales de preparación durante un periodo de tiempo determinado. Una tercera condición previa que debemos cumplir es contar con un entorno de apoyo, como el que le ofrecieron los afectuosos aldeanos. Y, por último, un cuarto elemento debe ser dejar tiempo para el descanso, la revisión y la integración de la experiencia antes de reincorporarse a la vida cotidiana previa.

También es importante contar con apoyo continuo a medida que uno asimila todo aquello que pueda surgir tras el consumo de psicodélicos. Esto puede incluir contacto continuo con el terapeuta o guía, así como el tiempo dedicado a la meditación u otras vías de concienciación basadas en el cuerpo, de modo que podamos acceder a elementos del episodio estimulante de la droga a lo largo del tiempo. Es importante recuperar y comprometerse con diversas sensaciones, sentimientos, imágenes y recuerdos, al tiempo que se asimilan estos diversos estados alterados de conciencia (EAC). Creo que, en general, por cada sesión psicodélica debería haber al menos de diez a quince sesiones de terapia de seguimiento sin el uso de la sustancia, incluidas las sesiones preparatorias o previas al consumo, así como las sesiones integradoras o posteriores al consumo.

Como preparación, sugeriría al paciente que completara una sesión de dos o tres horas sin la droga, llevando un antifaz y audífonos con música. La tarea del terapeuta consiste entonces en observar y trabajar con cualquier recuerdo, emoción o sensación que surja en el individuo. En sí, se trata de un preacondicionamiento para la forma en que se orquestará el posterior episodio de drogas durante varias horas. De este modo, la persona se familiariza con cómo podría transcurrir la sesión, aprende lo que surge y si se siente lo bastante cómoda y segura para completar la sesión posterior con el catalizador. Aproximadamente una semana después de la cita en la que se utiliza la droga, recomendaría a la persona que realizara una sesión de seguimiento, nuevamente con música, el antifaz y el terapeuta, durante tantas horas como fuera necesario.

Una de las trampas potenciales que pudieran tener estos potentes medicamentos es el peligro que entraña su uso sin supervisión. Tuve mucha suerte de que las cosas sucedieran como fueron durante mi "viaje" de LSD, que me condujo a una sanación profunda y sincera, y no a una grave retraumatización. Sin embargo, fue pura suerte, lo que habla del riesgo de someterse a estos viajes fuera de un entorno terapéutico controlado. De hecho, a veces la tentación de ingerir una de estas sustancias puede ser muy fuerte, sobre todo cuando una persona vuelve a experimentar depresión, ansiedad o la aparición de recuerdos y sensaciones traumáticas. Dado que algunas de estas drogas pueden encontrarse en la calle o incluso en Internet, hay que preparar a los pacientes para que busquen consejo y apoyo cuando se enfrenten a estos riesgos, así como asegurarse de que tengan la oportunidad de reunirse con su terapeuta; de lo contrario, la búsqueda impulsiva de alivio podría acabar en desastre, como me hubiese podido haber ocurrido a mí si no hubiese contado con el apoyo fortuito y vital de Ellie*.

Para concluir este apartado, me gustaría rendir homenaje a los pioneros en el campo de la terapia psicodélica. En primer lugar, durante cientos de años los chamanes de todo el mundo han utilizado diversas plantas y otras sustancias naturales para tratar lo que los curanderos sudamericanos llamaban "susto", que representa una parálisis por miedo, una repentina sensación de temor o miedo, es decir, ¡un trauma!

El abuelo de los agentes psicodélicos sintetizados fue el químico suizo Albert Hofmann, quien, mientras trabajaba en los Laboratorios Sandoz de Basilea, Suiza, descubrió "por accidente" el

*En una nota muy positiva, una organización sin ánimo de lucro llamada Asociación Multidisciplinaria de Estudios Psicodélicos (MAPS) realiza y promueve actualmente investigaciones psicodélicas en todo el mundo, incluso en algunas de las facultades de medicina más prestigiosas en muchas universidades.

LSD-25. Procedió a comunicar los efectos de esta sustancia al doctor Humphry Osmond, que en los años cincuenta trabajaba en el Hospital Mental de Weyburn, en un lugar apartado de Saskatchewan, Canadá. Osmond se dio cuenta de que personas que, de otro modo, habrían languidecido durante años en manicomios, podían recuperar sus vidas utilizando LSD. Y fue este doctor, por cierto, quien acuñó la palabra "psicodélicos".

A mediados de la década de 1950 Stanislav Grof, pionero en la investigación del LSD, comenzó su trabajo seminal. Era un psiquiatra de origen checoslovaco que trabajaba en el Hospital Spring Grove de Catonsville, Maryland. Grof llevó a cabo una amplia investigación sobre la terapia psicodélica con pacientes psiquiátricos, en la cual hizo que los pacientes registraran su terapia creando pinturas y dibujos extraordinarios. Un día, en el Instituto Esalen de Big Sur, California, donde ambos impartíamos talleres, hablé con Grof sobre su vida de investigador. Reflexionó sobre el hecho de que en la Checoslovaquia comunista tenía libertad intelectual y profesional, pero poca libertad personal. Se lamentaba, sin embargo, de que cuando emigró a Estados Unidos tenía libertad personal pero mucha menos libertad profesional; de hecho, su investigación se vio restringida y permaneció inactiva durante muchas décadas.

Si avanzamos hasta nuestros días, hay que destacar lo mucho que ha cambiado el campo para mejor y que estas sustancias se utilicen de forma responsable y eficaz.

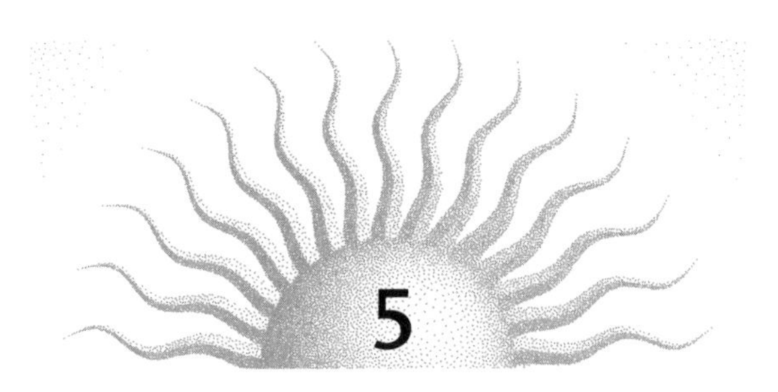

5
Heridas de traición

Entiendo el dolor. He vivido con dolor toda mi vida. Pero el dolor no es nada comparado con la traición. Y la traición no es nada comparada con llegar a saber que la jabalina en tu espalda fue clavada por la única persona de tu vida en la que en verdad confiabas.

BRAD MELTZER, *THE BOOK OF LIES*

A la edad de ocho años, mi tío Jack, el hermano menor de mi madre y una figura muy importante en mi vida, me llevó a un almacén de material eléctrico, propiedad de un primo. Mientras caminábamos juntos por los estrechos pasillos del almacén, mis ojos se fijaron en un contenedor de timbres y microinterruptores. Me propuse volver solo a aquel pasillo y contuve la respiración mientras tomaba, a escondidas, uno de cada uno y me los metía en el abultado bolsillo del pantalón. El corazón se me aceleró y, temiendo que me descubrieran, me mantuve en un estado de ansiosa expectación hasta que llegamos al departamento de mi familia en el Bronx. Una vez allí, me apresuré a bajar al sótano, donde me apoderé de una gran caja de cartón que antes había albergado un flamante televisor de la década de 1940.

Me apresuré a subir a nuestro departamento con la caja vacía entre los brazos. Tomé un cuchillo de la cocina y con él corté una puerta y una ventanita en la caja. Luego fijé el nuevo y precioso interruptor y el timbre a la puerta de mi "casa club secreta". Tras conectar el timbre a una toma de corriente, me encantó oír su fuerte y áspero zumbido y me animó, sobre todo, la idea de que cualquier visitante tendría que pulsar el botón y hacer sonar el timbre para obtener permiso para entrar en mi escondite privado, mi santuario de seguridad y refugio. Era una forma de protegerme estableciendo y manteniendo una frontera protectora segura y perceptible al oído*.

Mis padres debieron de oír el fuerte zumbido y supieron de dónde procedía: imagino que no tardaron en adivinar que había sacado los objetos a escondidas de la tienda. Juntos entraron corriendo en mi habitación, me agarraron de los brazos y me sacaron de mi refugio, antes seguro. Me arrastraron por el pasillo hasta la sala y me sometieron a un intenso interrogatorio lleno de acusaciones, a las que yo respondía con negaciones suplicantes. Luego, uno tras otro, se turnaron para abofetearme mientras me empujaban de un lado a otro. Su interrogatorio, al estilo de la *Stasi,* solo duró varios minutos, aunque me pareció eterno. Al final rompí en sollozos desgarradores y confesé mi crimen; mi espíritu estaba quebrantado. Derrotado, me fui a la cama y, con gritos ahogados, caí en un sueño agitado. Cuando desperté, me encontré en un mundo diferente.

Conozco a muchas personas, tanto a nivel personal como profesional, que sufrieron una infancia repleta de violencia, abusos y abandono. En perspectiva, creo que la violencia y los abusos que yo sufrí no se comparan con los suyos. Pero después de haber

---

*Tuve bastante suerte de no electrocutarme porque, como descubrí más tarde, el interruptor estaba pensado para funcionar con un transformador de 24 voltios, ¡no con una toma de corriente de 120 voltios!

trabajado con personas traumatizadas durante casi medio siglo, creo que es un error comparar traumas. Si algo he aprendido es que un trauma es un trauma, sea cual sea su origen. Así, mientras que la violencia y el abuso continuados provocan constricción emocional, disociación y dolor físico, la traición tiene el insulto adicional de ser una herida causada por la misma persona o personas en las que hemos confiado para que nos cuiden, amen y protejan. Tras una deslealtad así, parece como si nada en el mundo tuviera sentido.

Antes de esta traición, cuando tenía uos siete años, construí un aparato de radio de galena yo solo. Bueno, no del todo; recibí ayuda de mi madre. Tomamos un tubo de embalaje, le enrollamos una bobina de alambre –de alguna manera encontramos un trocito de cristal de germanio– e hicimos una antena de conejo con un imperdible doblado. Un amigo de mi abuelo me había dado unos audífonos de la Segunda Guerra Mundial para que los utilizara con la radio improvisada. Por último, tendimos un cable por una de nuestras ventanas para sacar la antena. Después de colgar el cable de la antena por la ventana, sintonizamos la bobina y apenas pudimos captar una débil emisora de radio, la CBS, y solo por las noches. A partir de entonces, quedé poseído para siempre por una ávida fascinación por la electricidad y los aparatos eléctricos, lo que marcó el inicio de una floreciente vocación por la ciencia y la electrónica.

A pesar de la asociación establecida entre la electrónica y el dolor emocional, esta vocación fue un regalo generoso que me hizo mi madre. Unos años más tarde, cuando tenía trece años, ese entusiasmo me llevó a convertirme en radioaficionado de onda corta. Era emocionante enviar y recibir código morse. Así llegué a comunicarme, con puntos y rayas, con compañeros radioaficionados de todo el mundo. Este contacto me abrió un gran mundo nuevo. En un momento dado, tras muchas horas de práctica, fui capaz de enviar y recibir más de cincuenta palabras por minuto en código morse, lo que me permitió presentarme a un examen de electrónica y reglamento de onda corta. A los catorce años obtuve mi licencia avanzada de radio, lo que significaba que podía utilizar tanto la voz como el código Morse para comunicarme. Recuerda, ¡esto fue medio siglo antes de la popularización de los teléfonos celulares e Internet!

Con el soldador y los alicates de punta en la mano, construí un receptor y transmisor de onda corta con los kits fabricados por la empresa Heath de Benton Harbor, Michigan, la fuente a la que acudían los jóvenes radioaficionados con un presupuesto limitado. Estos *kits* atrajeron toda mi atención y pusieron a prueba los límites de mis habilidades técnicas. Al recordar el entusiasmo y pasión que puse en estos proyectos, creo que mis primeros esfuerzos por construir el radio de galena con mi madre, apenas a mis siete años, me dieron el ímpetu necesario para emprender esta compleja tarea a los catorce. También fue una forma de distraerme de la violación, así como de la amenaza constante de la mafia, el inminente encarcelamiento de mi padre y la traición paterna.

Mi indicativo de llamada de radioaficionado era K2VTL. Cuando hablaba por las ondas, me identificaba así: "King 2 Victor Thomas Love". Más tarde, me volví creativo y utilicé algunos recursos fonéticos: "Aquí habla K2 Vuelo Tan Lejos". O: "Aquí K2VTL, Veo Tiernos Labios". A modo de reflexión, también fue una época de mi difícil despertar sexual, de lo cual hablaremos más adelante.

Muchas noches me quedaba despierto hasta tarde y encendía en silencio el receptor y transmisor. Me ponía los audífonos y encendía un microteléfono, que estaba mal conectado a tierra, por lo que de vez en cuando me daba una pequeña descarga. En cualquier caso, ¡estaba listo para ir al aire! Con esta aventura nocturna aprovechaba el rebote ionosférico, que es mucho mejor por la noche y me facilitaba hablar con gente de todo el planeta. De este modo aprendí a descifrar acentos extranjeros y me enteré un poco de la vida de esos desconocidos. Ahora, sesenta y cinco años más tarde, al enseñar el método Somatic Experiencing en muchos países, me siento a gusto escuchando los acentos de diversos estudiantes y descubriendo sus diferencias culturales. He podido aprender algunas palabras en otros idiomas e, incluso, ocasionalmente algunas frases. Y como profesor, he podido volver a comunicarme con el mundo.

Regresemos al violento interrogatorio y la traición de mis padres, que endurecieron mi corazón de niño. A partir de entonces, de algún modo supe que merecía ser castigado; que, en el fondo era una mala persona y un criminal. Más tarde, de adulto viví con el miedo persistente a que me descubrieran como un fraude y un impostor. Parecía que estaba condenado para siempre a llevar esta marca. Esa etiqueta me ha seguido durante gran parte de mi vida y me llevó algunos años de diligente trabajo interior para desprenderme de esta autopercepción incapacitante, que durante mucho tiempo había frustrado mi capacidad para tener éxito y lograr lo que anhelaba en mi vida.

Tras una gran reflexión y desarrollando la autocompasión, llegué a comprender que las palabras que mis "suficientemente buenos" padres podrían haber dicho eran: "Peter, es increíble que hayas sido capaz de conectar el timbre y hacer que funcione; pero no está bien que lo hayas tomado sin pedir permiso. Volveremos a la tienda, podrás comprar el timbre y disculparte por haberlo tomado. Y, Peter, si nos lo hubieras pedido, ¡te lo habríamos comprado encantados! Solo tienes que pedírnoslo". Esto es lo que mi yo adulto le diría a un niño tan descarriado. Y esas fueron las mismas palabras que surgieron en una sesión de terapia en la que apareció espontáneamente una imagen de Albert Einstein. Habló con mis padres, dirigiéndose a ellos con firmeza pero con compasión, y me dijo esas sanadoras palabras de ánimo: otra señal de que Einstein era mi guía y protector.

A mis cuarenta y pocos años fui a visitar a mis padres y les pregunté si recordaban aquel episodio violento. "No", dijo mi padre con firmeza, "eso nunca ocurrió". Sin embargo, mientras hablaba, los ojos de mi madre se llenaron de profunda tristeza y le interrumpió: "No, Morris, eso ocurrió de verdad. Estábamos asustados; nunca debimos haberlo hecho. Estuvo mal, fue muy doloroso, le hicimos mucho daño. Nos equivocamos". Aunque habían pasado muchas décadas desde aquel espantoso día, de algún modo seguía siendo un alivio oír su tardío reconocimiento del suceso y su sincera admisión del abuso que supuso. Tal es el valor de la sanación emocional, tal como yo ahora la entiendo.

Por muy dolorosa que fuera esta herida, más tarde descubrí que este incidente tan solo había sido la segunda traición importante de mi joven vida. La herida inicial fue mucho más profunda e hiriente. Ocurrió cuando apenas tenía seis meses y se convirtió en mi herida central y traición primordial. Fue una ruptura que minó mi capacidad de recuperación y me dejó con unos cimientos poco firmes sobre los cuales poder construir. Las subsecuentes traiciones y heridas posteriores no harían sino aumentar esta fragilidad subyacente y el apego ansioso a mis padres.

Este suceso ocurrió en 1942, cuando Estados Unidos se preparaba para entrar en la Segunda Guerra Mundial. A mis padres les preocupaba que reclutaran a mi padre para luchar en Europa. Ante la incertidumbre, tomaron la precipitada decisión de irse de vacaciones juntos durante tres semanas. De repente, me dejaron con mis abuelos maternos que, aunque amables, eran casi unos extraños para mí. No hay palabras para describir el efecto tan devastador de una separación y un abandono tan tempranos.

En un "experimento" de psicología sobre el desarrollo infantil, una madre llevó a su bebé a una habitación extraña y lo dejó allí con una investigadora desconocida. Al principio, el bebé lloraba de forma incontenible y luego gritaba en paroxismos de rabia. La investigadora no podía calmarlo, a pesar de sus suaves atenciones. Al cabo de un rato, el niño se derrumbó en lo que parecía un estado de parálisis y resignación impotente. Allí permaneció, mudo e inmóvil, jugando a solas con unos bloques de juguete. A los pocos minutos, cuando la madre regresó, el bebé parecía no reconocerla y se limitó a mirar sin expresión alguna al espacio. No se produjo el necesario reencuentro, ni siquiera cuando ella alargó la mano para cogerlo en brazos.

Cuando vi este vídeo por primera vez me quedé horrorizado. Pude ver el efecto monumental que este breve episodio de separación repentina tuvo en el pequeño. Esos pocos minutos debieron de parecerle una eternidad a un bebé. Sospecho que mi preocupación era también una reacción inconsciente a mi propio abandono de tres semanas. Sobre todo, me preocupaba el efecto duradero que esta separación pudiera haber tenido en el bebé... ¡y en mí! De hecho, unos años más tarde, el mismo bebé (ahora un niño pequeño) volvió a la habitación del experimento anterior. Aunque esta vez estaba a salvo en brazos de su madre, el pequeño mostraba signos de angustia y agitación. Estaba claro que el efecto de aquellos pocos minutos de separación era duradero y posiblemente sustancial. Entonces, ¿cómo afectarían tres semanas de abandono a un bebé que, para empezar, ni siquiera estaba seguro? La respuesta: ¡aniquilación total y completa! Mi propio recuerdo eventual de tal aniquilación no se parecía en nada a un recuerdo consciente. Era, más bien, una crisis de abandono alojada en lo más profundo de mi psique y almacenada como una "memoria corporal" que requeriría mucho trabajo diligente, junto con una sincronicidad ocasional, para desenterrar y desalojar todo. Para ilustrarlo, ofrezco el siguiente ejemplo:

Durante una visita a mis padres, hace unos treinta años, mi madre, sin avisar, me pasó el brazo por los hombros. Me puse rígido y le pedí que retirara el brazo. Algún tiempo después de esto, pedí ayuda a uno de mis aprendices para abordar este miedo que surgió con mi madre y que pudiera estarse reproduciendo en una línea de relaciones fracturadas. El miedo se manifestó como un desgarro en las tripas y un fuerte hundimiento en el vientre. Sentí pánico y pavor, como si no fuese capaz de recuperar el aliento. Con la serena ayuda de mi aprendiz, conseguí estabilizar la respiración y entonces sentí una rigidez brusca en los brazos. Al explorarlo más a fondo, parecía que mis dos brazos estaban en tensión, conteniendo una fatalidad inminente. Sentí como si me aniquilaran por completo. No hay palabras para describir plenamente esta devastación. Era pura destrucción y terror.

No tenía contexto para este terror y la rigidez de mis brazos. Tenía la sensación de que, si soltaba esa tensión, de alguna manera me desgarraría. Mi siguiente paso fue volver a hablar con mi madre y abrirle mi corazón. Parecía al borde de las lágrimas cuando me contó que, después de aquella separación de tres semanas, cada vez que me llevaba a visitar a mis abuelos, le impedía frenéticamente con los brazos entrar en el departamento. Me sujetaba con las manos al marco de la puerta de entrada mientras gritaba como loco. Tanto mi madre como yo sabíamos lo que eso significaba y debió de ser muy difícil para ella darse cuenta de lo aterradora y duradera que había sido para mí esa herida del abandono. Creo que se sentía terriblemente culpable por haberme infligido ese tormento duradero*.

---

*De hecho, más tarde utilicé diversos psicodélicos para desalojar aún más este horror y pánico congelados; tan profunda y mortal era la herida.

Para intentar dar sentido a esa traición, podemos dividir al progenitor causante del trauma en dos versiones diferentes: una que es atenta, comprensiva y segura, y otra que es peligrosa. Entonces nos enfrentamos a la acuciante pregunta de cómo mantener unidas las piezas de esta fractura sísmica, sin desmoronarnos nosotros mismos. Tal acto de equilibrio es, en el mejor de los casos, una tarea abrumadora. La realidad es que la mayoría de nuestros padres poseen una mezcla de buenas y malas cualidades. Pero a fin de que se produzca el crecimiento, debemos aprender a entretejer estos dos opuestos en una narrativa coherente y así dar sentido a nuestro viaje por la vida. En mi caso, la división puede haberse producido por una tendencia a etiquetar mis relaciones como "todas buenas" o "todas malas" en mi mente. No es, ni mucho menos, una solución viable ni realista.

Al reflexionar sobre cómo este abandono primordial hizo estragos en mis relaciones adultas, me di cuenta de que a menudo sentía un pánico inexplicable cuando una novia parecía alejarse de mí. A veces saboteaba una relación alejándome de repente antes de que una pareja pudiera abandonarme. O, por el contrario, me quedaba demasiado tiempo en una relación, tal vez por miedo a quedarme solo. También he luchado con la incertidumbre de por qué quería terminar una relación. ¿Lo hacía para protegerme de que me abandonaran o en verdad era el momento adecuado para terminar? ¿Y cómo podía distinguir la diferencia? Ante esta pregunta, me acuerdo de la oración de la serenidad, que dice así: "Dios, concédeme la serenidad para aceptar las cosas que no puedo cambiar, el valor para cambiar las cosas que sí puedo y la sabiduría para saber la diferencia". Y es ese valor y esa sabiduría lo que me esfuerzo por introducir a mi vida. Mi esperanza más profunda para cualquier relación es que se aprenda mucho sobre el amor, el respeto, los límites sanos y la amabilidad gratuita, independientemente de que uno decida quedarse o irse.

Con mucha gratitud hacia mis parejas anteriores y con el objetivo de establecer y mantener relaciones duraderas y sanas, ahora estoy aprendiendo a generar mi propio bienestar interno. Esta transformación ha ido acompañada de sentimientos de alegría e incluso de estallidos espontáneos de risa. He sentido un cambio interior como resultado del suave deseo de compartir estos preciosos momentos con los demás. Con ese objetivo en mente, recuerdo una canción de los Eagles que habla de ese crecimiento y enraizamiento internos. La canción dice así "Y tengo una sensación de paz y tranquilidad. Y sé que no me defraudarás, porque ya tengo los pies sobre la tierra". Aunque este viaje ha sido una odisea, hoy en día siento que la mayor parte del tiempo tengo los pies sobre la tierra; estoy emprendiendo un viaje de relación conmigo mismo y con los demás. A través de esa doble tarea, estoy aprendiendo a habitar más plenamente mi cuerpo viviente, sensorial y consciente. Al igual que en la canción, no tengo esa sensación de pánico a ser defraudado, "porque ya tengo los pies sobre la tierra".

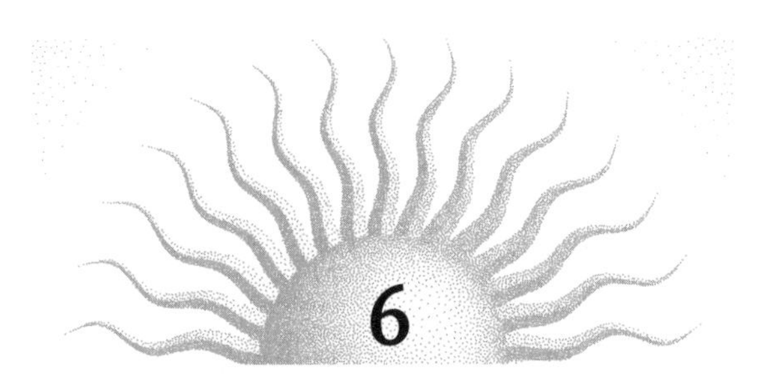

6
Pouncer, el perro dingo

J'ai suivi une femme (he ido tras una mujer)
et j'ai trouvé un chien (y he encontrado un perro).

En 1978, cuan0do tenía poco más de treinta años, daba clases en el Instituto Esalen, en los parajes salvajes de Big Sur, California. Un día entré en una sala donde se estaba presentando un tipo trabajo corporal, y mientras Arthur Pauls explicaba su método, llamado Ortobionomía, una joven hacía una demostración de la técnica sobre un hombre tumbado en una camilla de masaje. Se veía que la joven era una sanadora innata y se desenvolvía con elegancia. Su presencia majestuosa se apoderó rápidamente de mí y, a decir verdad, caí bajo su hechizo de inmediato.

Aunque tímido y reacio, me armé de valor para acercarme a ella. Tras una incómoda presentación, me sentí aliviado y luego totalmente emocionado cuando me ofreció su número de teléfono y aceptó una cita en Berkeley. Se llamaba Erika. Empezamos a tener encuentros casuales, a pesar de la forma informal en la que nos conocimos. Sin embargo, el encanto se vio bruscamente sacudido y volví a tocar tierra cuando me topé con la fría realidad de su trabajo insatisfactorio y su turbio entorno. Resulta que Erika trabajaba en el departamento de refacciones de una tienda de motos; su novio de entonces era campeón en carreras de arrancones y saboteaba a propósito sus dotes emergentes como sanadora. A medida que nos íbamos conociendo, supe que su padre la había abandonado cuando era muy pequeña, junto con su hermano discapacitado y su madre soltera. La familia no había vuelto a saber de él, pero sucedió que, incluso antes de que existiera Internet, pudimos localizarlo y descubrir que vivía en Phoenix, Arizona.

Además de convertirme en su amante y amigo, fui testigo de su enorme potencial como sanadora y acabaría animándola a estudiar fisioterapia, donde se destacó claramente. Para cumplir su sueño, decidió trasladarse a Flagstaff, Arizona, donde pudo asistir al programa de fisioterapia de la Universidad del Norte de Arizona. Más tarde se graduó *cum laude*.

Tras varios meses de visitas intermitentes, decidí seguirla hasta allá. Recogí mis cosas, cerré mi consulta de terapia en Berkeley y me dirigí al sur. Para un chico de ciudad, mudarse a un pueblo fronterizo de montaña era una verdadera aventura. Sin embargo, cuando Erika llegó a Flagstaff, conoció a un vecino parecido a los amigos motociclistas que había dejado atrás en un barrio de Richmond. Se sintió atraída por él, como lo había estado por sus amigos de las carreras de arrancones del Área de la Bahía. A modo de reflexión, creo que no podía tolerar que sus dos aspiraciones se hicieran realidad al mismo tiempo: que la aceptaran en la facultad de fisioterapia y que yo me mudara a Arizona para estar con ella. Necesitaba volver a lo que le era familiar, al menos en un área de su vida. Y después de la universidad, pareció reconocer la importancia de darse, a sí misma, la educación y vocación de sus sueños. Por suerte, tuvo éxito en ese departamento.

Cuando vi a Erika con su vecino todo me quedó claro: tenían una relación romántica. Me sentí totalmente destrozado. Con el corazón roto, me refugié en mi casa, que estaba a orillas de un bosque. Un día, caminando por el bosque, me tope con la Asociación Humanitaria Coconino. Entré en el edificio y caminé entre las jaulas; me llamó la atención un cachorro en particular, que más tarde supe que era una mezcla de dingo y pastor australiano. Curiosamente, según la tradición aborigen australiana, el dingo es sagrado y se le conoce como intermediario entre los reinos físico y espiritual. Este personaje canino se convertiría en mi mejor y más fiel amigo. Cuando nuestras miradas se cruzaron, sentí que debíamos estar juntos. A riesgo de sonar demasiado Nueva Era, creo que nos comunicábamos no solo en el mundo tangible, sino también en un nivel metafísico.

Le pregunté al hombre que trabajaba en el refugio si podía llevarme al perro detrás del centro, a una zona muy arbolada, y aceptó. Para mi sorpresa, el cachorro caminó a mi lado, casi tocándome, como si yo le hubiera enseñado a ir junto a mí, cosa que obviamente no había hecho. Cada vez que me detenía, él se detenía. Cada vez que me sentaba, él se sentaba a mi lado. Otra cualidad excepcional de la que fui testigo, mientras paseábamos por el bosque, es que saltaba con entusiasmo y se abalanzaba, recordándome a los delfines mientras surfean sobre las olas del océano, por eso lo llamé "Pouncer", que en inglés hace alusión a las cualidades de saltarín y juguetón.

A partir de ese momento, desarrollamos un vínculo extraordinario que me ayudó a curarme de la herida de traición que me había dejado Erika y a avanzar en mi vida. Era un tipo de vínculo totalmente nuevo para mí. Para ponerlo en términos sencillos, aprendí todo lo que tenía que haber aprendido en mi etapa preescolar sobre la alegría, el apego y el amor con Pouncer el dingo, un portal entre mundos.

Tengo varias anécdotas que hablan de la inteligencia emocional y cognitiva de Pouncer. Tenía un hábito, en particular, que requería que yo fuese estricto con el can; aunque era libre de perseguir conejos salvajes, me preocupaba su afición de perseguir ciervos en las colinas de las montañas que había detrás de mi casa. Así que, en el momento en que su cuerpo se ponía rígido en señal de preparación para el ataque, le ordenaba con severidad (pero con suavidad): "¡No, Pouncer!". Fue la primera y casi la última vez que tuve que ponerle un límite tan definitivo. El segundo límite tenía que ver con la hora de acostarse. Yo no quería que durmiéramos juntos, así que su cama estaba en el salón, cerca de mi habitación. Sin embargo, esto nunca fue un impedimento para lanzarme con él al suelo para juegos rudos y alegres, sin faltar abrazos y cariños.

No sé cómo, pero aprendió a no entrar en mi habitación por la mañana hasta que yo abriera los ojos. Entonces llamaba con suavidad a la puerta con las patas y yo lo dejaba entrar. Entraba con un entusiasmo y alegría desenfrenados ante la perspectiva de empezar el día juntos. Siempre me ha intrigado cómo se percataba del momento en que me despertaba, pero tal era la naturaleza de nuestra misteriosa comunicación tácita.

Sin embargo, en una ocasión no respetó estas reglas no escritas. En mitad de la noche me desperté y le oí arañar frenéticamente mi puerta. La abrí exasperado y lo regañé con la mirada. Hizo caso omiso de mi reacción, se metió en la habitación y se acurrucó en un rincón. Fue entonces cuando percibí el inconfundible olor de un oso negro. De inmediato, también retrocedí hasta la habitación, cerré la puerta y tomé mi revólver calibre .45, por si el oso me atacaba. Camine sigilosamente por el pasillo hacia la cocina; todo el suelo estaba cubierto de harina y otros alimentos esenciales. Intenté sacar al oso por la puerta para perros (ahora rota) por la que había entrado. Sin embargo, fue en vano: se quedó mirándome. Tomé una olla y una sartén y las golpeé una contra otra; seguía sin reaccionar. Entonces tomé la olla y la sartén más grandes y las choque violentamente; para mi sorpresa, ambas asas se rompieron y los trozos de olla y sartén volaron por los aires y cayeron al suelo delante del oso asustado, quien finalmente se dirigió hacia la puerta del perro. Aliviado, Pouncer salió escurridizo de su escondite y celebramos juntos nuestra victoria. Rápidamente tapié la puerta y dormimos juntos esa noche antes de volver a nuestros dormitorios separados.

Un último episodio conmovedor con Pouncer todavía me llena de grata alegría. Cuando vivía en el oeste de Nevada, durante el invierno solía ir a esquiar, ya fuera esquí alpino o de fondo. Cuando elegía esquí alpino (o de descenso), Pouncer tenía que esperar en mi camioneta y cada hora, más o menos, le dejaba correr por el estacionamiento. Sin embargo, cuando iba a esquiar de fondo, Pouncer me acompañaba como un delfín de nieve, saltando y haciendo alegres arcos a mi lado.

Al final de una semana de nevadas ligeras, fui al sótano de mi casa y recogí mis botas de descenso. Cuando volví con mis esquís, Pouncer parecía abatido, quieto con las patas sobre la cabeza. Pero en un instante se animó, bajó corriendo al sótano y volvió con una bota de esquí de fondo en la boca. "Está bien, Pouncer, tú ganas", dije, mientras bajaba al sótano una vez más y volvía con la segunda bota de esquí de fondo, junto con mis esquís nórdicos. Empezamos un día glorioso de esquí de fondo, con Pouncer deslizándose por la nieve, cerca de mí, siempre alineado a la perfección, siempre en fácil resonancia. Nuestra amistad era apasionada y profundamente nutritiva; Pouncer dejó huella en mi vida y ese espíritu de camaradería me cambió para siempre.

Cuando veía mis grabaciones de las sesiones con clientes, sobre todo las de niños, a menudo veía a Pouncer dando vueltas alrededor del niño. Luego se sentaba tranquilamente a su lado. En una sesión especifica, estaba tratando a un niño de doce años cuyo mejor amigo, su vecino, había sido asesinado una noche. Mi paciente, al que llamaré Eric, se sentía muy culpable y creía que debería haber podido salvar a su amigo. Aunque esto era irracional, Eric no podía separar su culpabilidad del dolor por la pérdida. Tenía el sueño muy alterado y se sentía paralizado por la culpa; tampoco pudo volver a la escuela debido a su ansiedad paralizante. En una de nuestras últimas sesiones, construí una cueva con un par de futones doblados; Eric se metió dentro, seguido de Pouncer y de mí. Observé, sin aliento, cómo Pouncer lamía suavemente y tocaba con la nariz una pequeña cicatriz de la mejilla de Eric, lo que hizo que el chico comenzara a sollozar a plenitud, mientras dejaba que Pouncer y yo le abrazáramos y acunáramos.

Eric me contó un sueño inquietante que tuvo la noche del asesinato. Había soñado que el intruso había entrado en casa de su amigo e iba a matarlo. Puede que se tratara de su sentimiento de culpa de superviviente. Juntos, mientras hablábamos, Eric, Pouncer y yo reconocimos que, en realidad, el sueño había ocurrido dos noches después del asesinato. Este descubrimiento permitió a Eric afrontar por completo su dolor por la pérdida de su mejor amigo y, poco a poco, se liberó de su culpa paralizante. También supimos, por su madre, que la pequeña cicatriz que tenía en la mejilla, exactamente donde Pouncer lo había "besado", era donde un perro lo había mordido cuando tenía cuatro años.

La empatía primaria de Pouncer abrió paso a través del terror y la confusión de Eric. Un terror que provenía del trauma del niño de cuatro años con un perro que lo atacó y ahora, ocho años después, con la muerte violenta de un amigo. Las lágrimas subsiguientes parecieron lavar gran parte de su dolor y su ansiedad escolar. Eric pudo volver a dormir profundo, según el informe de seguimiento de su madre. A partir de entonces, regresó a su escuela y con sus compañeros.

Después de mi sesión con Eric empecé a ver a otros niños en mi casa de Apple Valley Road, en Lyons, Colorado. Allí empaquetaba sándwiches y junto con Pouncer nos dirigíamos a las montañas que había detrás de mi casa. Cuando estaba con niños traumatizados, deprimidos o ansiosos, Pouncer corría en círculos a su alrededor hasta que el niño se involucraba en la actividad. Jugaban juntos entre risas y ladridos enérgicos. A menudo el niño le lanzaba palos o varas y Pouncer saltaba en el aire, se abalanzaba sobre el objeto preciado antes de recuperarlo y luego se lo devolvía con alegría al niño emocionado. Era una escena de irresistible deleite y alegre exuberancia, un remedio seguro para un niño angustiado. Pouncer tenía un sexto sentido para llegar a sus corazones heridos y sacarlos de sus solitarias cuevas de desesperación.

Pouncer me enseñó a confiar en mi profunda intuición. Me dio una lección de primera mano sobre cómo involucrarme de forma espontánea con respeto, amor, alegría y, sobre todo, por medio del juego. Ofreció esa forma de interacción como medio de su inteligencia emocional o sensitiva, sin filtros. Al tratar de averiguar qué era necesario hacer en un momento dado, mi mente racional resultaba mucho menos eficaz que su instinto animal. Le agradezco mucho a Pouncer por enseñarme a seguir mi instinto y mi corazón.

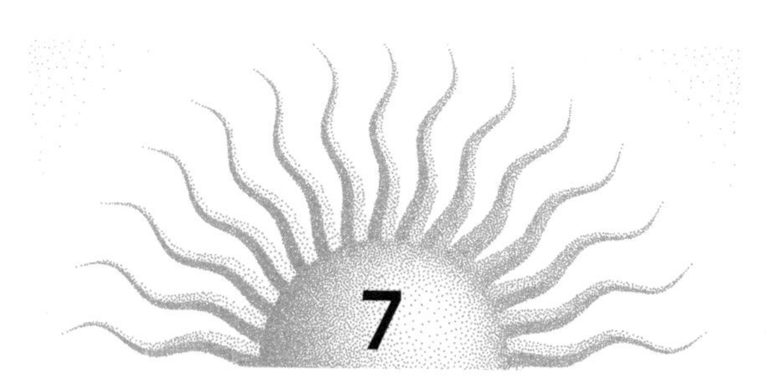

7
Un despertar sexual tardío

Escribir este capítulo ha sido el mayor reto para mí. Contiene mis verdades más ocultas y vulnerables; sin embargo, al exponerlas aquí he intentado ser paciente conmigo mismo, al igual que espero que tú te ofrezcas la misma indulgencia.

En una ocasión le pregunté a un grupo de terapeutas si alguna vez sacaban a relucir cuestiones sexuales en las sesiones. De unos cientos, solo uno o dos levantaron la mano. Luego pregunté cuántos de sus pacientes traían estos temas a la terapia, y unos pocos levantaron la mano. Por último, les pregunté cómo procederían si un cliente planteara problemas sexuales, a lo que obtuve dos respuestas: una era dirigir la sesión de terapia hacia un debate sobre los problemas de apego y la otra era remitir al cliente a un terapeuta sexual. Aunque estas podrían ser buenas opciones, a menudo pasamos por alto las cuestiones destacadas de cómo el cliente habita su cuerpo y de cómo vive su fuerza vital, su energía vital y, por tanto, una sexualidad sana. Las cuestiones relacionadas con el sexo no suelen referirse a la mecánica de la función sexual ni a cómo aumentar ciclos de excitación, más bien se trata de cómo comparten su calidez, sentimientos profundidad, vitalidad, excitación y sensualidad con otra persona elegida. De este modo se convierte en una celebración y una conexión profunda. Al incluir este capítulo y abrirme sobre mis luchas, por difíciles que fueran, espero ayudar a otros en su propia sanación sexual.

Entiendo perfectamente la reticencia a exponerse, ya que la sexualidad es un tema tremendamente delicado y sensible. Sin embargo, a menudo es necesario abordar el tema con nuestros pacientes, así como con nosotros, para ayudarles a tener una relación verdaderamente sólida y sana consigo mismos y con el otro que han elegido. Así que, con esto en mente, he decidido revelar con delicadeza parte de mi propio proceso de sanación sexual y maduración erótica.

Cuando tenía unos cinco años, mi madre me leía a menudo a la hora de acostarme. Era el intercambio más íntimo y cercano que compartíamos. Una noche, mientras estábamos juntos bajo las sábanas, me leyó mi libro favorito, *Huckleberry Finn*. En mi alegría y excitación, tuve una erección repentina, algo bastante normal en un niño sano de cinco años. Mi madre cerró el libro de inmediato y se levantó bruscamente, saliendo de mi habitación sin decir palabra y cerrando la puerta tras de sí. No dijo ni una palabra sobre este suceso, sin embargo, el mensaje era claro: puedo tener una cercanía física y emocional o despertar mis sentimientos sexuales, **pero no ambas cosas**. Esa fue una división que me perseguiría durante gran parte de mi vida adulta. Su reprimido legado erótico se convertiría en mi reto curativo.

No sé si fue una coincidencia, pero mi madre parecía tener miedo de leerme. Recuerdo que a partir de entonces fue mi padre quien me leyó en la cama. Lo que más recuerdo es que a veces me cantaba. Hay dos canciones que permanecen más vívidas en mi mente. La primera era "De camino a Mandalay", de Rudyard Kipling, escrita en 1890 que decía: "De camino a Mandalay, por el camino juegan los peces voladores y el amanecer llega de la China, como un trueno, cruzando la bahía".

Y entonces mi padre daba palmadas y hacía el ruido de un trueno... que me asustaba y me emocionaba a la vez. La segunda canción era el clásico "Martinillo" en francés: *Frère Jacques, Frère Jacques. Dormez-vous? Dormez-vous? Sonnez les matines! Sonnez les matines! Ding, dong, ding. Ding, dong, ding.*

Me encantaban estos interludios y hacía que me los cantara, una y otra vez. Se daba cuenta de que me fascinaba el francés, así que entonces me hablaba en un francés fluido. Cuando fui por primera vez a Francia, en los años setenta, me sorprendió lo familiar que me resultaba aquella lengua, hasta el punto de que pude captar fácilmente algunas palabras y frases. Véase en la lámina 4 una foto de mi padre en su juventud.

Barry

El siguiente suceso de mi secuencia de Eros sofocado ocurrió al principio de mi adolescencia.

A mis amigos y a mí nos gustaba jugar *stickball*, un juego callejero similar al béisbol, con la diferencia de que se jugaba con un palo de escoba. Esta alteración se debía a la pobreza general de nuestro barrio, donde los niños no podían permitirse un bate de verdad, una pelota de béisbol y guantes. En su lugar, el equipo consistía en un palo de escoba y una pelota de goma, normalmente una Spaldeen o una Pensy Pinky de quince centavos de dólar. Investigando un poco, me enteré de que una variante del juego del *stickball* se remonta al año de 1750.

Como era un niño torpe y delgado, siempre me elegían al último al momento de formar los equipos. Por lo tanto, siempre que participaba en estos juegos donde había que escoger competidores para los equipos, no podía librarme de una rumia mental constante de inferioridad y humillación. En cambio, Barry Goldberg (el único otro niño judío y además pelirrojo) era el atleta estrella. Siempre era el primer miembro del equipo que elegíamos después de lanzar una moneda al aire. No recuerdo exactamente cómo surgió, pero Barry y yo entablamos una amistad. Nos reuníamos después de clase para jugar y participar en actividades atléticas. Al cabo de un tiempo, me pareció absorber parte de su habilidad: cuando corríamos alrededor de la pista del parque, debajo de donde más tarde me violaron, casi podía alcanzarlo, sentía que la fuerza me recorría las piernas y cuando practicábamos el salto de longitud en un pozo de aserrín, también estaba casi a su altura. A partir de entonces, cuando la pandilla jugaba beisbol, solían elegirme en segundo o tercer lugar, en vez de ser el último. Sentí que mi vida daba un vuelco.

Barry y yo nos hicimos muy amigos y con este vínculo empezamos a explorar la masturbación, potenciada por las páginas centrales de desnudos de la revista *Playboy*. También compartíamos una atracción filial, aunque prohibida. A medida que estos intereses sexuales crecían, decidimos probar la masturbación mutua encerrados en mi pequeño cuarto de baño. Pero durante esta tímida exploración inicial, ¡nos interrumpió un fuerte golpe en la puerta! Nos quedamos helados de horror cuando mi padre gritó: "¡Si Barry y tú están haciendo algo ahí adentro, no podrá volver nunca aquí ni ser tu amigo!".

Sentí como si me hubieran dado un puñetazo en las tripas. Me quedé sin aliento; el tiempo parecía haberse congelado. Aún puedo sentir un residuo de aquel angustioso recuerdo, incluso al escribir hoy estas palabras. Fue como si hubiera perdido a mi mejor amigo en un momento, todo por culpa de este afecto y experimentación erótica. Con Barry podía tener una amistad abierta y casta o una exploración adolescente oculta, pero nunca ambas cosas. Mirando atrás, estoy bastante seguro de que si se hubiera dejado que las cosas siguieran su curso, habríamos madurado de forma natural.

Sin embargo, mi excitación y mi deseo habían quedado destrozados y radicalmente avergonzados, como el rechazo de mi madre a mi sexualidad con su abrupta huída cuando yo tenía cinco años. Una vez más, no podía disfrutar de la conexión emocional y ser un ser sexual. Tenía que elegir. Estaba destrozado y mi incipiente sexualidad se hundió bajo tierra, donde languideció durante varias décadas.

Gratitud

Mi desastroso primer encuentro sexual fue con Joanne en la trastienda del sindicato de estudiantes de Michigan, a quien conocí con mis amigos *beatnik*, movimiento juvenil caracterizado por su vida bohemia y su rechazo a las convenciones sociales. Al instante me invitó a su apartamento fuera del campus. Allí, en una habitación oscura, llena únicamente de bombillas de colores y velas, me sedujo. Cuando Joanne me metió dentro de ella, eyaculé de inmediato. ¡Qué bajón! Al día siguiente, mientras caminaba hacia el campus desde su apartamento, me preguntaba si la gente que me encontraba por la calle se daría cuenta de que yo ya no era virgen.

Pero las cosas empeoraron. Me fui a vivir con Joanne y me di cuenta de que era una yonqui, adicta a la morfina y sobre todo a la metanfetamina. Inocentemente, pensé que la rescataría y conseguiría que dejara de hacerlo. Hoy me avergüenzo incluso de reconocer mi propia ingenuidad. Al final, las anfetaminas le provocaron una especie de episodio psicótico, durante el cual rompió ventanas y parecía estar en un estado agudo de paranoia. Llamé al hospital y la recogió una ambulancia. Estaba muy preocupado; al parecer, el psiquiatra, residente de primer año, y obviamente un neófito freudiano, le dijo que "su adicción se debía a que quería tener el pene de su padre". Yo, en cambio, pensaría que su consumo de anfetaminas empezó cuando fallaba en las clases y quería la aprobación de su padre (más que "su pene"). En cualquier caso, me sentí totalmente desolado.

Sin embargo, mientras Joanne estaba en el hospital, mi propia vida dio un giro inesperado. Teníamos una vecina arriba llamada Darla, de Oklahoma, que tenía un visón peludo como mascota. Se iba a regresar a vivir a su casa al día siguiente, pero a mitad de la noche llamó a mi puerta. Llevaba puesto un camisón holgado. Hicimos el amor durante algún rato hasta que se fue a su casa por la mañana. Estoy muy agradecido con Darla por permitirme disfrutar de la intimidad y aprender lo que eran el sexo sano y el amor físico. Con esa fuerza interior, recién descubierta, pude dejar pronto a Joanne y al cabo de unos meses encontré una relación sana que duró tres años.

Conocí a Tina-Belle (su verdadero nombre) en mi segundo año de carrera. Era de Austin, Texas, donde sus padres eran profesores. Tina era sana, totalmente distinta a Joanne. La conocí en el laboratorio de visión fisiológica de Mathew Alpern, donde yo trabajaba en un proyecto de investigación independiente y donde Tina laboraba como su secretaria. Fue la primera vez que experimenté una fusión de intensa atracción sexual y amor romántico. Cortejé a Tina durante algunas semanas e incluso cené con sus padres varias veces. Eran, en ese entonces, profesores del Departamento de Trabajo Social de Michigan. En una de estas agradables comidas me enteré de que eran amigos íntimos de Pete Seeger, el emblemático cantante *folk* de izquierda y de quien Tina había aprendido algunas de sus canciones, que solía tocar para mí con su guitarra. Me enamoré; probablemente exageré el romanticismo de nuestra relación, pero fue maravillosa y cambió el rumbo de mi vida.

De Ann Arbor, Michigan, me fui a Berkeley, California, a estudiar biofísica médica. Como alguien que había alcanzado la mayoría de edad en los desenfrenados años sesenta con "sexo, drogas y *rock and roll*", el sexo casual era la norma. Así que retrocedí y tuve mucho sexo, pero muy poca conexión erótica cálida y profunda. Por suerte, cuando comprendí mi necesidad de relaciones auténticas, empecé a salir con Becky. Con ella aprendí que estaba con otro ser humano sensible y con sentimientos, no solo con un objeto para tener relaciones.

Al ponderar el curso de mi vida, ahora me siento bendecido con algunas de las mujeres más preciosas y cariñosas que me aceptaron, incluso con algunas de mis torpes luchas, y que facilitaron mi crecimiento sexual y emocional con su abierta amabilidad sensual. Lo que aprendí con cada relación fue valorar a Eros y conectarme con mi ser espiritual.

Eros en la consulta

Al reflexionar sobre Eros consideré muchas de sus posibles definiciones y descripciones. Éstas van desde los antiguos griegos (el mito de Eros y Psique) hasta las definiciones de diversos filósofos y, más tarde, de influyentes psicólogos, en particular Freud, Jung y Reich. Según mi experiencia, Eros equivale a la "energía vital". Freud coincide en este punto y afirmaría que Eros no debe confundirse con la libido. No es solo el impulso sexual, sino más bien nuestra fuerza vital y la voluntad de vivir. Eros, en un sentido más amplio, es simplemente el deseo de crear o procrear vida. Como tal, a menudo se manifiesta como creatividad y productividad.

Cuando trabajo con personas, a menudo me informan de sensaciones corporales de hormigueo, vibración, sacudidas, temblores, respiración fuerte espontánea y oleadas de calor o frescor. Y les pido que sigan esas sensaciones y que digan una serie de palabras escritas, mientras observan lo que ocurre en su interior. Y puedo anteponerme a esta invitación añadiendo: "Por supuesto, estas son mis palabras, pero te invito a que te fijes en lo que ocurre en tu interior cuando dices esta frase: '¡Estoy vivo, estoy vivo. Estoy vivo y soy real!'".

Es habitual que se produzca uno de dos resultados. En primer lugar, las sensaciones pueden aumentar, en cuyo caso suelo animar al individuo a abrirse a ellas. Por otro lado, pueden apaciguarse o cortarse cuando dicen esas mismas palabras; allí puedo pedirles que exploren el significado de esa afirmación: qué ocurre dentro de su cuerpo y su mente cuando vocalizan las palabras y, en particular, qué pensamientos surgen. Con frecuencia, el paciente percibe su propia vitalidad como peligrosa porque, durante su infancia, uno de sus padres o tutores, o ambos, no pudieron manejar su exuberancia natural. Puede que eso haya ocurrido cuando los padres se sintieran crónicamente agobiados, intoxicados, ansiosos o deprimidos.

Quizás tú, querido lector, puedas experimentar ahora diciendo estas palabras y observar qué ocurre cuando haces esta afirmación: "¡Estoy vivo, estoy vivo. Estoy vivo y soy real!".

Abordemos también cómo estas palabras pueden afectar a alguien, como yo y algunos de ustedes, que haya sufrido abusos o agresiones sexuales. Por desgracia, los abusos sexuales y las violaciones son bastante frecuentes: estadísticamente, es probable que entre el cuarenta y el cincuenta por ciento de las personas hayan vivido algún tipo de trauma sexual. Cuando los supervivientes pronuncian las palabras anteriores, el simple hecho de decirlas puede desencadenar mecanismos de defensa de desviación y evitación.

Entonces, ¿qué hace falta para curarse? Espero que mi historia de sanación sea de utilidad para los terapeutas y para todos los que buscan el bienestar. Para mí fue necesario abordar primero la forma en que mi cuerpo se estremeció ante la violencia experimentada en mi violación en el pasado. Puede que esta haya sido la parte más fácil, o más obvia, en mi viaje de sanación, porque se relacionaba claramente con la forma en que mi cuerpo se contraía y disociaba de esta profunda ofensa. Los otros aspectos más ocultos de mi herida sexual eran como corrientes del océano, ocultas a la vista. Estas poderosas corrientes subyacentes se remontaban al rechazo de mi madre a mi inocente sexualidad de cinco años. También, cuando mi padre aplastó mi exploración adolescente con Barry. Así que, mientras que la violación fue clara y concreta, estas y otras influencias solo se descubrieron poco a poco, en mi caso, a través de relaciones eróticas de apoyo, abiertas y afectuosas.

Estas relaciones implicaban atracción, coqueteo juguetón, compartir paseos y comidas, tomarnos de la mano y, finalmente, tumbarnos juntos, con la ropa puesta y siguiendo nuestra respiración. A continuación, yacíamos juntos desnudos, sin mantener relaciones sexuales. Y siempre, a través de cada uno de estos pasos, percibíamos y compartíamos nuestras sensaciones corporales, pensamientos y memorias. Si mi pareja o yo nos sentíamos atascados, explorábamos la naturaleza de ese obstáculo, atendiendo a las sensaciones, emociones, imágenes y pensamientos.

"Eros", tal como se utiliza aquí, es –en su raíz– "energía vital". La libido es una fuerza natural que nos lleva a las relaciones íntimas. Pero Eros es mucho más que eso: no es solo el impulso sexual, sino más bien cómo vivimos y encarnamos plenamente nuestra fuerza vital, tal como se expresa a lo largo de nuestra vida. Eros es, en última instancia, el deseo de crear o procrear vida y de potenciar nuestra creatividad. Para mí, incluso escribir este libro, por difícil que haya sido, es una expresión de Eros. Citando a Wilhelm Reich: "El amor, el trabajo y el conocimiento deben ser el manantial de nuestra vida y también deben gobernarla". Para mí, esa es la esencia de Eros. Así que la pregunta sería: ¿cómo utilizamos esta chispa para apoyar la sanación profunda y la aceptación afectuosa de una vida plena?

Septiembre de 1996: el suéter verde

Toca las campanas que aún pueden sonar
Olvida tu ofrenda perfecta
Todo tiene grietas
Así es como entra la luz

LEONARD COHEN, "HIMNO"

Tuve el privilegio de dar clases en Copenhague, Dinamarca, en el Bodynamic Institute, y después, durante varios años, en el OASIS Centre for Treatment and Rehabilitation of Victims of Torture and Trauma, que trabaja con refugiados y víctimas de la tortura. En septiembre de 1996 mi inminente viaje a Europa me tenía ansioso. Los viajes en avión me resultan bastante incómodos y elijo, siempre que es posible, someterme al rudo y poco fiable servicio ferroviario de Amtrak y pasar días viajando, en lugar de horas (aunque, por supuesto, en Europa los viajes en tren son bastante cómodos y fiables). Tengo una forma congénita de anemia hemolítica que hace que los cambios bruscos de presión me afecten y con el viaje a Europa en puerta sentía que estaba a punto de meterme en una lata de sardinas presurizada a gran altitud durante quince horas.

Esperando con nerviosismo, hasta el último minuto posible, para embarcar, sin esperarlo me negaron el derecho a llevar mi equipaje de mano. En un caos, volví a empaquetar algunos objetos en una bolsa de nailon para poder llevar mis trabajos de escritura y mis objetos de valor conmigo en el avión. Cuando se cerraron las compuertas, me llevé la mano al hombro, donde creía que llevaba colgado el suéter. En su lugar, no encontré nada. El corazón se me fue al fondo del estómago y comencé a sentirme mal. En medio de la confusión por el equipaje de mano, el precioso suéter verde que había comprado para este viaje había desaparecido. Debido a mi situación económica de entonces, rara vez compraba ropa nueva. Por suerte, esta tendencia al ahorro excesivo ha mejorado mucho desde entonces. Imagino que esta "mentalidad de pobreza" tuvo mucho que ver con el tiempo en que nuestra familia pasó por graves apuros económicos debido a las batallas judiciales de mi padre y su eventual encarcelamiento. En cualquier caso, me había enamorado de esta robusta y cálida pieza de grueso tejido de algodón. Me hacía sentir, verdaderamente, acogido y feliz. Mi suéter, verde intenso, como las profundidades de un bosque primigenio, funcionaría como una manta de seguridad y sería mi cálido compañero de viaje por Europa.

Llegué unos minutos antes a la civilizada ciudad de Copenhague y pasé la breve inspección de aduanas. Tras unas pocas palabras intercambiadas en danés, me quedaban cuarenta minutos antes de que mi anfitrión viniera a recibirme. Corrí a la oficina de Scandinavian Airlines System (SAS) y me arrojé a su amable misericordia; les imploré que me encontraran el número de teléfono de objetos perdidos del aeropuerto internacional de Seattle-Tacoma o "Sea-Tac". Cada día llamaba por teléfono tanto a SAS como a Sea-Tac. Mi optimismo inicial decayó al final de la semana. Muchas llamadas y setenta y dos horas después me enfrenté tanto al *jet lag* como a la realidad: la pérdida de mi querido suéter.

El tiempo que pasé enseñando en Dinamarca transcurrió muy rápido. Lo siguiente en el itinerario fue una breve estancia en Múnich, Alemania, donde conocí por casualidad a una joven y encantadora médica. Hacía un par de años que no mantenía relaciones sexuales, así que me entusiasmó el coqueteo. Hicimos planes para encontrarnos ese fin de semana en Garmisch-Partenkirchen, donde yo iba a pronunciar un discurso en un congreso internacional de medicina humanista. Era mediados de octubre y las noches empezaban a ser bastante frías a esa gran altitud. De nuevo sentí punzadas por la pérdida de mi suéter verde; pero me di cuenta de que había llegado el momento de dejarlo ir y seguir adelante.

Garmisch-Partenkirchen, Alemania, y Aspen, Colorado, son "ciudades hermanas". Además de su formidable grandeza montañosa, ambas ofrecen tiendas de lujo y moda, donde había muy pocos suéteres por debajo de los 1.200 marcos alemanes (DM), unos 1.400 dólares estadounidenses en aquel momento. Parecía no existir ningún sustituto asequible para mi suéter, pero encontré uno de lana de alpaca un poco roto, procedente de Sudamérica, por 150 marcos. Lucía como una opción asequible, pero no, yo iba a esperar. Simplemente, no era el suéter adecuado. Sin embargo, aquella noche, al volver a mi hotel, vi un precioso suéter verde, naranja, azul y marrón colocado de manera artística en el escaparate de una elegante tienda de ropa que acababa de cerrar, así que a la mañana siguiente me dirigí al lugar, esperando que nadie llegara antes que yo. Me quedé boquiabierto al ver el precio de 600 marcos, unos 750 dólares. De forma poco usual para un comerciante alemán, el dueño, que vestía de forma acartonada, debió de percibir tanto mi excitación como mis limitados recursos y me lo ofreció a su precio: unos 200 marcos. Me lo puse con impaciencia, le pagué y volví contento al hotel. ¡Había encontrado el suéter perfecto!

Tuve algunos momentos libres antes de mi conferencia para llamar a mi cita del fin de semana. Su recepcionista me comunicó con ella y le dije que me encantaría verla ese fin, pero que necesitaría que pidiera su propia habitación. Cuando me preguntó por qué, le dije que estaba seguro de que nuestra cita habría sido emocionante y divertida, pero que simplemente algo no me quedaba bien; ¡no era el suéter adecuado! Esperaría. Me dio las gracias por mi sinceridad y nunca volvimos a vernos.

Aquella noche, mientras cenaba con mis anfitriones en un restaurante llamado Glass Pavilion, levanté la vista hacia una mesa contigua y vi a una mujer con una presencia numinosa, elegante y de un esplendor fuera de serie. En verdad me dejó sin aliento. Dejé de hablar con mis colegas y miré fijamente hacia la mesa donde se encontraba junto a otras tres personas. Tenía que acercarme a ella. Me excusé para ir al baño, que estaba justo al lado de su mesa, a la izquierda. Su piel morena intensa sugería que tal vez era indonesia o india. Sus ojos de ópalo negro y su pelo oscuro eran de otro mundo. Al pasar junto a su mesa, mi cuerpo se giró ligeramente hacia ella. Incapaz de encontrar las palabras adecuadas, con torpeza me alejé dos pasos y desaparecí en el baño de hombres. Me pregunté si se habría fijado en mí y qué habría pensado de mi errático acercamiento. Dentro del baño, me miré al espejo y vi un rostro que no reconocía; al mismo tiempo, parecía más joven y más viejo.

Aquella noche tuve un sueño en el que le preguntaba a Dios si alguna vez sería feliz y una voz compasiva pero firme me respondió: "No". Aunque Dios añadió gentilmente que, si completaba la tarea de hacer llegar mi trabajo al mundo, sobre todo a la comunidad médica y científica, mi próxima vida no sería tan dolorosa y problemática como lo había sido esta. "Menudo consuelo", pensé. Al despertar, recordé mi sueño anterior con el barco en el río Hudson y la luz verde intermitente, en el que no escuchaba a Dios cuando me hablaba. Esta vez, sin embargo, sí que había captado mi atención; parecía que mi *karma* (destino) y mi *dharma* (trabajo) iban a ser una misma cosa o, al menos, iban a estar inexorablemente unidos.

Durante los dos días siguientes, le pedí a mis anfitriones que cenáramos una y otra vez en el Glass Pavilion. Mi excusa era que me gustaba la comida, aunque en realidad era bastante común y corriente. Vi a la mujer misteriosa dos veces, pero en ambas ocasiones estaba acompañada por el mismo hombre que se había sentado con ella la primera vez. Me desanimé. Sin embargo, el domingo por la tarde, en la última sesión del congreso, la vi entrar a la sala de conferencias, sin el hombre que parecía ser su compañero. La seguí, pero le perdí el rastro en la sala principal.

De repente, mi hombro se dio vuelta hacia la derecha y luego, sin dudarlo, el resto de mi cuerpo lo siguió. Con una oleada de miedo combinada con una sensación de determinación y valor, caminé por el pasillo de la derecha y la encontré sentada junto a una amiga. Me volví hacia ella y le dije algo así como "Disculpa, tienes los ojos más bonitos que jamás haya visto, los más bonitos del mundo, ¡o quizá del universo! Pero supongo que eso ya lo sabes". Me miró; lucía perpleja.

Me quedé allí como congelado por la mirada de Medusa. Me dijo unas palabras en alemán y yo, incapaz de volver a hablar, empecé a sudar a mares. Forcé una sonrisa y me retiré al vestíbulo; tenía que hacer algo para entretenerme y no sentir mi terror y soledad, así que curioseé en la mesa de los libros. Tuve un torbellino de pensamientos confusos, como si mi mente estuviera desviando la consciencia de la profundidad de mi encuentro momentos atrás. Entonces, cuando salí de la sala de conferencias y me adentré en el aire fresco de la noche de montaña, agradado por el calor de mi querido suéter nuevo, una voz gritó detrás de mí. Al girarme, me sentí sacudido como por una descarga eléctrica. Me detuve cuando la mujer misteriosa se acercó a mí. Al fin habló: "Viniste al restaurante a verme", dijo, así que al parecer sí se había fijado en mí. "Y luego, viniste a buscarme al auditorio. Así que ahora yo vengo a ti. En Alemania tenemos la expresión de que las cosas buenas ocurren de tres en tres. Me llamo Sanju. Hace doce años que no hablo inglés; si llegamos a conocernos, algún día te contaré por qué". Aunque no recuerdo los detalles, tenía algo que ver con que su familia la había golpeado por casarse con un alemán no indio. Entonces, de la nada, me preguntó, como en el sueño: "¿Eres feliz?". Asombrado por su pregunta, me quedé literalmente sin habla y tras recuperar el equilibrio, respondí: "No soy feliz". Aunque añadí que acababa de hacerle esta misma pregunta a Dios. ¿Pero cómo lo podía saber ella? Decir que me había dejado absolutamente perplejo habría sido quedarme muy corto. Durante el tiempo que estuvimos juntos fui guiado muchas veces por esta aparente hechicera, cuyo nombre, por casualidad, significaba "felicidad" en hindi.

Transcurridos unos minutos, me atreví a preguntarle a Sanju si era posible que nos viéramos en Múnich la semana siguiente. Para mi sorpresa, aceptó y viajó casi ocho horas en tren desde Bochum para reunirse conmigo en mi hotel, que daba al precioso Jardín Inglés de Múnich. Después de dar clase aquel día, volví al hotel, me dirigí a la recepción y pregunté si una joven había venido a verme. El hombre la llamó y, siguiendo sus instrucciones, me dio el número de su habitación. Fui, llamé a la puerta y entré en un espacio parecido a un templo tántrico, repleto de muchas velas y telas suaves colocadas sobre las lámparas.

Tras este encuentro, mantuvimos una relación a distancia durante tres años, aunque no fue hasta dos años después cuando por fin hicimos el amor físicamente. Por aquel entonces estábamos en Holanda y, mientras penetraba lentamente su sagrado *yoni*, sentí que mi cuerpo se disolvía en la nada, un vacío negro infinito; tan negro como sus ojos. Como comprendí más tarde, aquello fue algo parecido a una "muerte del ego". Fue, en efecto, mi primer encuentro con Vajrayogini, la "diosa del trauma" del budismo tibetano. Según tengo entendido, este arquetipo representa la gran sabiduría que surge al transformar un trauma. Tengo un amigo tibetano que me lo confirmó y me regaló un hermoso *thangka*, pintura budista tibetana hecha en algodón o seda con una deidad budista, escenario o mandala. Mi obsequio ilustraba a esta diosa aplastando un cráneo con los pies (representando la destrucción del falso ego). Con Sanju, mi "persona" se desintegraba. Una parte de mi personalidad se destrozaba por completo y otra parte nueva aún no había nacido.

En esos momentos, mi dolor era tan intenso que amenazaba con aniquilarme. Sin motivo aparente, sollozaba con convulsiones desgarradoras por el dolor más profundo que jamás había sentido. Cuando por fin nuestra relación física terminó, tres años después, solo sentí aprecio y gratitud.

Julio de 1998: Lyons, Colorado

Cuando Lucy conoció a mi madre, Helen, en Hunter College, ambas eran estudiantes de primer año y se enamoró completa y absolutamente de ella. Lucy se sentaba y esperaba en un banco durante largos ratos solo para poder ver a mi madre, e incluso sacrificaba algunas de sus clases para tener la oportunidad de hablar con ella. Véase la lámina 5 para ver una foto de mi madre en su juventud.

En los sesenta años transcurridos desde su época universitaria, Lucy, su marido Al y mi madre fueron amigos íntimos, incluso cuando la pareja se trasladó del oeste de Nueva York a Colorado. En una aparente coincidencia, vivirían a pocos kilómetros de mi casa de Apple Valley, en Lyons, Colorado, situada en las estribaciones de las Montañas Rocallosas. Mi madre y Leonard, su pareja sentimental desde hacía quince años, me llamaron para decirme que vendrían a visitar a sus amigos la semana siguiente. Era el cumpleaños número noventa y cinco de Al, y él y Lucy se trasladarían de su casa de la montaña de Lyons a la ciudad de Boulder antes de las nieves invernales. Helen y Leonard habían pasado mucho tiempo observando aves junto con Al y Lucy en el paraíso aviario de esta última pareja, donde solo se oían los cantos de las numerosas especies de pájaros que vivían en los grandes prados abiertos y los acantilados rocosos circundantes. Sanju también viajaría desde Alemania a finales de esa misma semana.

A su llegada, Sanju y yo nos reunimos con Helen, Leonard, Lucy y el nonagenario Al para comer. En cuanto llegó, mi madre se levantó de repente de la mesa y abrazó a Sanju, estrechándola como si fuera una hija perdida hacía mucho tiempo. Aquella manifiesta muestra de afecto nunca había ocurrido con ninguna de mis anteriores novias; con ellas actuaba de forma indiferente, incluso fría y distante.

Mi caparazón de cincuenta y seis años estaba a punto de resquebrajarse. No esperaba un ataque frontal a la relación con mi madre y a las raíces de mi blindaje emocional. Sanju pronto sacaría a luz una grieta primordial en los estratos paleontológicos de mi psique y liberaría un genio enterrado en lo profundo que abriría mi corazón. Era un despertar erótico que haría añicos mi coraza protectora y me llevaría al borde de un precipicio al que me había resistido durante toda una vida. Estaba preparado para dejar que la luz brillara a través de esta grieta en el huevo cósmico.

Desde que Helen y Lucy se conocieron en Hunter College nada pudo separarlas, ni siquiera mi futuro padre. Morris conoció a las "hermanas gemelas" universitarias durante una de sus animadas discusiones científicas, artísticas y filosóficas. Atraído por ambas bellezas, solo podía pasar tiempo con ellas en la periferia de su absorbente relación. Cuando Sanju se enteró de esta historia durante la comida, preguntó a mi madre y a Lucy si habían tenido novios. "Bueno, sí", dijo Lucy, "tuvimos algunos novios. Pero desanimábamos a la mayoría de los hombres que se nos acercaban". Imaginé que se debía a la intensidad y amplitud de su relación de "hermanas". Entonces, para sorpresa de todos, Sanju preguntó a Lucy si había tenido sexo con su novio. La octogenaria, siempre lista e ingeniosa, no perdió un segundo en responder: "Bueno, querida, en aquella época no se suponía que hiciéramos eso, ¡pero por supuesto que algunas lo hicimos!".

Casi escupo el té al toser y jadeé cuando Sanju dirigió su atención hacia mi madre. Fingiendo inocencia, Sanju le preguntó: "¿Quién era tu novio, Helen?".

Lucy dijo: "Era un hombre llamado Albert" (pronunciado *Ahlbeer*).

En los segundos de silencio que siguieron, mi madre miró con timidez hacia la mesa. Contuve la respiración con inquietud. ¿Qué diría mi madre si Sanju le hiciera la misma pregunta sexual que le había hecho a Lucy? En su lugar, le preguntó: "¿Estabas enamorada de él, Helen?". Mi madre respondió, trastabillando, que solo estaban saliendo.

Sin embargo, antes de que Sanju pudiera decir nada más, Lucy miró al otro lado de la mesa a su amiga de toda la vida y le dijo: "Sí, Helen, lo estabas. Estabas profundamente enamorada de él".

Vi la tierna mirada de Lucy en los ojos de mi madre, que la miraban con firmeza pero con dulzura. Visualicé el amor puro entre las dos adolescentes sentadas una frente a la otra en el banco sesenta y tantos años atrás. Había una suavidad en el rostro de mi madre, algo que rara vez había visto. Percibí el profundo conflicto interno de mi madre entre recuperar su rigidez defensiva o permitir que aflorara su profunda verdad emocional.

Mientras ella luchaba, yo también me tambaleaba en mi intento de relacionarme con la madre que nunca habría conocido, de no ser por las travesuras provocadoras de Sanju. "Mamá", le dije, "cuéntame de este hombre, por favor".

"Se llamaba Albert Mangonès", dijo. "Estudiaba arquitectura. También era poeta y artista y me enseñó algunas canciones populares de Haití". Mi madre empezó a cantar, eligiendo el camino valiente del corazón. El padre de Albert, añadió, era alcalde de Puerto Príncipe. Según mi madre, también era el líder del partido de la oposición contra el despiadado dictador haitiano François "Papa Doc" Duvalier.

Sollocé en silencio en mi interior. Ahora comprendía, por primera vez, el origen de una profunda herida en mi psique, cuerpo y alma. Se había planteado y comprendido un "misterio celular". A los cincuenta y seis años obtenía esa información; la pieza que faltaba en el rompecabezas, que me llevaría al despertar. Comprendí por primera vez por qué, a pesar de su perdurable apoyo en muchos aspectos, seguía siendo el hijo odiado de mi madre. Percibí en una visión nítida, o "interior", por qué ella despreciaba a mi padre y por qué creía que yo era producto de su violación. Todo tenía sentido: yo no era el fruto de su primer y verdadero amor, Albert Mangonès. Los padres de mi madre, pensé, de seguro la presionaron para que se casara con mi padre, Morris, al fin y al cabo era judío, brillante, guapo, encantador y blanco. El hecho de que mi madre se atreviera a salir con un hombre negro en la época del final de la Segunda Guerra Mundial me llenó de orgullo y admiración; y que estuviera profundamente enamorada de él, que en verdad hubieran leído poesía y cantado juntos, despertó en mí una apertura del corazón y un anhelo sexual reprimido durante mucho tiempo. Ahora, extrañamente, tenía dos padres, uno blanco y otro negro. No había necesidad de perdonar a mi madre; ahora comprendía, en mi cuerpo, la verdad del amor y así podía dejarlo ir y seguir adelante. El polímata del Siglo XVII, Blaise Pascal, escribió una conmovedora frase: "El corazón tiene sus razones, que la razón no conoce".

Habiendo derribado por fin sus muros, mi madre contó algo más de la historia: "Peter, cuando tenías tres años, Albert vino a visitarme". Fue su única visita. Imaginé que ambos seguían enamorados el uno del otro; qué doloroso debió de ser para ellos este encuentro agridulce. Mientras Albert estaba en nuestro eepartamento, me explicó mi madre, yo estaba construyendo una casa con bloques de madera. "A tu padre y a mí nos asombraba la complejidad del diseño y tu habilidad para equilibrar esos grandes trozos de madera en una casa de fantasía", dijo mi madre. "Albert se sentó a tu lado y se asombró aun más de tu intuición arquitectónica". Me preguntaba de dónde podía venir este interés por la arquitectura. ¿Se lo habría transmitido Albert, el verdadero amor de mi madre, mi nuevo "segundo padre" espiritual? Continuó: "Hacías cosas con bloques de madera que la mayoría de los niños no logran hasta los siete u ocho años". Pero una de mis construcciones se derrumbó y rompí en llanto. Entonces, mi madre dijo: "Albert te mostró con paciencia cómo construir un voladizo para darle soporte a la casa".

En aquel momento me sentí rodeado por el amor de Helen y Albert. Mi historia se desarrollaba de nuevo, encajando piezas que antes faltaban. Me invadió una profunda sensación de paz y emoción ante mi nueva familia: Morris, Albert e incluso Leonard, el nuevo pretendiente de mi madre tras la muerte de mi padre.

Aquella noche, en casa, me senté con Sanju. Necesitaba ordenar el impacto de las revelaciones de mi madre. Mientras estábamos sentados, juntos y en silencio, empecé a temblar un poco. No sé cómo describir una herida tan profunda que penetra en el alma y socava el progreso de la dirección de la propia vida. Pienso en una planta que se ha retorcido durante su siembra y en cómo su expresión en la madurez es nudosa y enmarañada; o en una grieta tan profunda como el Gran Cañón que recoge y desvía la lluvia y los ríos de las vastas tierras que hay dentro y fuera de su alcance. Ahora sentía que mi herida era menos una herida personal y más afín a estas fuerzas universales de la naturaleza. Sí, en primera instancia me habían herido profundamente cuando era niño y, en distintas etapas de mi vida, había sentido las profundas cicatrices que había dejado. Ahora me entregaba a una caída libre tan profunda que volvía a temer la aniquilación. Siempre me había sentido como un producto del odio, en cambio, ahora me veía sostenido y curado por el amor ancestral.

Algunos años antes de que mi madre contara su historia de amor, recordé, sin esperarlo, que unos matones de la mafia me habían violado cuando era preadolescente. Como ya he dicho, se lo conté a mi madre y recuerdo que se quedó helada y se le fue el color de la cara. Temía haber dicho demasiado, pero ella poco a poco recuperó el color y habló de prisa, como si intentara sacar sus pensamientos antes de que pudiera volver a cerrarlos: "Peter, no creo que la violación ocurriera en realidad. En lugar de eso, tu padre sí me violó a mí; así es como fuiste concebido".

Ambas cosas eran ciertas. Sí, sí me violaron, y sí estuve expuesto en el útero a la experiencia de mi madre de ser violada por mi padre. Ella se sintió violada pero, en realidad, según mis conjeturas, su odio hacia mi padre (y hacia mí, a su vez) surgió de la angustia de haber perdido su primer amor, Albert. Me pregunté si alguna vez ella sería capaz de superar esa pérdida. De algún modo, me sorprendió menos conocer esta parte de su vida que su voluntad de revelarme una historia que debió de pesarle tanto en el corazón, al punto de que, cuando mi padre se enfrentaba al testimonio de la mafia, ella sufrió un "ataque de nervios" por miedo y culpa.

Con mis nuevos conocimientos sobre el pasado de mi madre pude poner cierta distancia entre mí y el trasfondo de culpa, vergüenza y odio a mí mismo que siempre había sentido. Se hizo evidente que el hecho de haber sido concebido con odio fue la causa de que me despreciaran de pequeño y de que mi madre y yo nunca llegásemos a establecer vínculos afectivos y de seguridad. Esto me trajo problemas con varias mujeres con quien me relacioné sentimentalmente a lo largo de los años.

Lo que ocurrió en aquella comida me dio una idea más amplia. Por supuesto que mi madre me odiaba. No podía ser de otra manera. Entonces, ¿cómo no odiarme a mí mismo? No pudo casarse con el hombre al que amaba y se sintió violada por el hombre al que culpaba de su pérdida, mi padre. Sentí una profunda compasión tanto por su pérdida como por mi dolor de toda la vida. Sanju me abrazó y sentí tristeza por todos nosotros.

Sanju me recordó cómo Albert y yo nos habíamos sentado juntos, a mis tres años, con mis bloques de construcción: él, a mi lado, admirando mi trabajo creativo. ¿Podía recrear esta escena en mi mente? No tenía un recuerdo claro de él, pero dejé que mi imaginación viajara hasta mi encuentro con Albert. Volvía a ser un niño de tres años sentado al lado de un negro hermoso, fuerte y tierno a la vez, tan diferente de mi concepción de la masculinidad hasta entonces. Era atento y juguetón y me guiaba sin intromisiones, sin disminuir mi propio poder y proceso creativo. Me vio cometer errores y, con sus amables consejos, aprendí de ellos. Nunca juzgó mis pasos en falso y sonrió con dulzura cuando adquirí una nueva comprensión de la relación de las leyes de la arquitectura con las de la gravedad. ¡Bum! La docena de bloques que tanto me había costado equilibrar en mi incipiente estructura se estrellaron contra el suelo. Empecé a llorar, pero él me tomó suavemente de la mano y me ayudó a encontrar un mejor equilibrio la siguiente vez. Respetaba siempre mis ideas; él solo me motivaba. Me reí, levantando los brazos de alegría. Mi apoyo interno se estaba consolidando en presencia de ese haitiano, dulce y amable.

Mi historia de relaciones románticas ha sido a veces tortuosa, tanto para mis compañeras sentimentales como para mí. En ocasiones, estas relaciones han estado plagadas de decepciones e incomprensiones. He sentido miedo en la presencia de mujeres poderosas y, en el fondo, terror de mi propio poder y sexualidad. Pero ahora, en parte gracias a la toma de consciencia de mi encuentro con Albert, desde entonces me he sentido visto, alimentado y desafiado por una serie de mujeres poderosas y ganadoras que, por fortuna, han entrado en mi vida. Y con Sanju pude desvincular mi propia entrega al orgasmo de la violación por la mafia y de la violación por la que fui concebido.

A través de este despertar amoroso y creativo, que estaba disfrutando con Albert, pude reescribir la historia de mi infancia. Al lado de este hombre poético, vibrante, eróticamente vivo y poderoso en su silencio, surgió una serpiente dormida, enroscada en lo profundo de la raíz de mi columna vertebral: mi sexualidad emergente y mi lujuria por la vida.

Mi nueva familia creció. Primero tenía dos miembros, Albert y Leonard, el novio que vivía con mi madre; y luego se amplió, conformada por Albert, Leonard, mi madre Helen y Morris, mi padre biológico. Las heridas de la traición desaparecieron y fueron reemplazadas por un afecto compartido entre Morris y Leonard, pues ambos amaron a la misma mujer. Cuando nos reunimos todos, Leonard y Albert se sentaron más cerca de Helen, mientras que Morris se sentó un poco más lejos. Ahora me encontraba en un campo de relaciones cambiantes y despertares sensuales; un campo de nuevas posibilidades para mis futuras relaciones amorosas. Poco a poco estaba aprendiendo a amar y a ser amado, a abrazar y a ser abrazado, y todo gracias a mi nueva familia.

Verano de 1998: Aspen, Colorado

Al día siguiente, tras nuestro almuerzo con Lucy y mi madre, Sanju y yo nos fuimos tres semanas juntos a Aspen, llevando con nosotros las imágenes internalizadas de Albert Mangonès, Helen, Morris y Leonard. Un amigo había quedado con nosotros en cuidar un antiguo rancho casero en Red Mountain, con vista a la ciudad de Aspen y a los majestuosos picos llamados Maroon Bells. Durante el mes siguiente iba a continuar un doloroso y a veces gozoso viaje de despertar que catalizaría un renacimiento, el comienzo de un yo autónomo, erótico y amoroso. Durante este tiempo, Sanju y yo también tuvimos nuestra ración de discusiones y malentendidos. La mayoría eran desafíos relacionados con diferentes escuelas de pensamiento sobre las relaciones. Nuestras sombras aceptaron el reto de asumir nuestras innumerables proyecciones y aprender a estar con nosotros mismos y con los demás de una forma más auténtica. Al final de nuestra estancia en Aspen, tuve el siguiente sueño: Sanju y yo estábamos sentados, espalda con espalda, mirando en direcciones opuestas. Me desperté con lágrimas de gratitud por nuestros encuentros y supe que era el momento de separarnos, cada uno en su dirección.

Ahora considero el significado de mi suéter verde, que es más que un símbolo. Es, más bien, una metáfora encarnada de la vida, el amor y las elecciones. Según el diccionario, la palabra 'metáfora' proviene del latín y significa 'transportar' o 'llevar adelante'; o un recipiente o contenedor que permite trasladar o dar a luz a algo. En este sentido, mi suéter verde fue un objeto que amé y perdí. Se convirtió en una forma idealizada que proyecté y por la que medí a todos los demás, pero en vano. Tuve que dejarlo ir para poder disfrutar de un nuevo suéter y de una relación adecuada.

Al reflexionar sobre mis relaciones con las mujeres que he conocido en las últimas décadas, creo hubo mucha confusión, ambigüedad y dolor debido a mi desconexión de la gran diosa universal y acogedora y a mi proyección de ese arquetipo sobre estas amantes. Al mismo tiempo, siento una inmensa gratitud por el apoyo de varias de estas mujeres, que me permitieron proyectar ese arquetipo de diosa en ellas. De este modo, pude absorber, poco a poco, algunas de mis proyecciones y conectar con sus profundas energías femeninas dentro de mí. Tanto a través de breves encuentros románticos como de relaciones duraderas, empecé a abrirme a mi "ánima", el término utilizado por Jung para describir lo femenino que vive dentro del hombre.

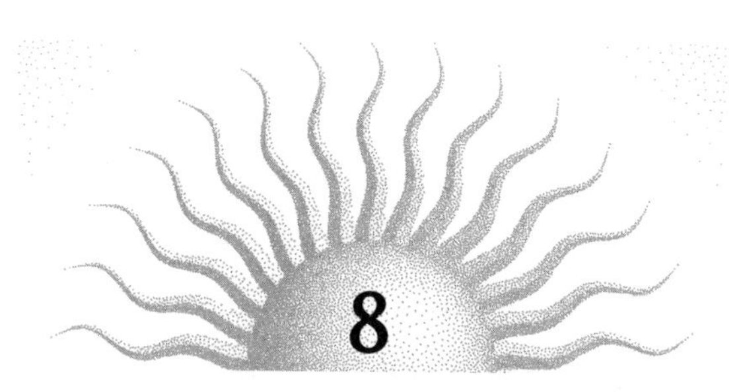

8
Muchas culturas, una raza: la humana

Siempre me ha fascinado la diversidad de culturas y tradiciones de esta buena Tierra, por eso agradezco que la vida me haya dado la oportunidad de visitar y explorar algunos escenarios únicos dentro de las distintas culturas alrededor de la sanación de traumas. Pueblos de distintas épocas y regiones han afrontado, a su manera, la pérdida, el dolor, la impotencia y la desesperación. Reconozco con humildad y gratitud lo mucho que he aprendido de estas ricas oportunidades. A continuación exploro algunos de estos encuentros, que han influido en mi camino y en mi ser.

Henrique

Durante mis andanzas nómadas, una de mis conexiones más preciadas y singulares fue con Henrique Perret Neto. Supongo que se le podría considerar un chamán, aunque en Brasil a alguien con estos dones se le podría llamar más bien "*pai de santo*", o "padre santo", en portugués brasileño. Se trata de una tradición espiritual sincrética que mezcla aspectos de otras tradiciones. Para Henrique, este sincretismo procedía de deidades africanas (los Orixás), de influencias chamánicas indígenas, del espiritismo occidental y de elementos del cristianismo.

Mi madre falleció en noviembre de 2004. Yo había conocido a Henrique Neto unos años antes y, antes de la prematura muerte de mi madre, ya habíamos convenido en volver a vernos a principios de marzo de 2005. En aquel momento, pocas personas sabían del fallecimiento de mi madre, aparte de mí, mis hermanos y su pareja, Leonard, quien nos explicó que se había ahogado en la bañera. Llevaba cinco años intentando que mi madre se mudara de Nueva York a Berkeley, California, debido al empeoramiento de su condición y a sus dolores crónicos. El traslado les habría permitido estar cerca de mis hermanos: Bob, que practicaba la acupuntura, y Jon, una de las mayores autoridades mundiales en el tratamiento del dolor.

Además de sentir conmoción y tristeza, me preocupaba la posibilidad de que se hubiera suicidado. Más tarde supe que había muerto de una sobredosis accidental de analgésicos opiáceos. Mi madre se había resistido con vehemencia a dejar el departamento de Nueva York, donde había vivido desde su infancia. Además, yo creía que ella sentía un gran remordimiento y culpa por las formas en que me había herido psicológicamente desde mi nacimiento.

Decidí seguir adelante con mis planes de visitar a Henrique. Así que, en marzo de 2005, mi pareja Laura y yo viajamos a Ouro Prêto, que significa literalmente "oro negro", ubicado en la campiña brasileña, a un par de horas al norte de Belo Horizonte. A temprana hora de la mañana siguiente nos llevaron al centro de sanación de Henrique, en lo profundo de un claro de la selva. Al salir del auto, nos recibieron Henrique y varias mujeres de cuerpo robusto provenientes del estado de Bahía, al noreste de Brasil, que llevaban largos vestidos blancos. Cuando nos rodearon, nos dieron la bienvenida amablemente con flores y canciones.

Por medio de cánticos y meciéndose nos transportaron a un trance tranquilo y sutil. Para completar nuestra introducción, Henrique inició un ritual especial. Colocó un vaso lleno de agua sobre cada una de nuestras cabezas. Solo después de que logramos mantenernos perfectamente inmóviles, por dentro y por fuera, de modo que el vaso de agua descansara firme sobre nuestras cabezas, Henrique nos invitó a entrar en su sencilla casa de oración.

Mientras caminábamos lentamente por la *fazenda* (granja), Henrique recogió algunas plantas, hierbas y *folhas* (hojas), en apariencia anodinas. Las dejó caer libremente sobre una mesa y luego nos guio hasta una zona para comer al aire libre, donde compartimos un maravilloso almuerzo, preparado y ofrecido por las mujeres bahianas. Tras este delicioso pero sencillo festín, regresamos a la mesa y, para nuestra sorpresa, las hojas y las flores se habían abierto formando un mandala perfectamente simétrico y exquisito, un arreglo no muy diferente de las intrincadas y absolutamente transitorias pinturas de arena tibetanas; fue en verdad fenomenal. A continuación, hizo un círculo con collares concéntricos y vació en el centro muchas conchas pequeñas de una bolsa especial de cuentas. Estas conchas sagradas de adivinación se llaman *búzios*, que significa "conchas", en portugués. Henrique les dio la vuelta en sus manos ahuecadas y, tras un momento de meditación, las arrojó al centro del anillo del collar. Véase la lámina 6. Esto lo hizo varias veces y cada vez entraba en un trance de profunda reflexión. Por fin, me miró con una mirada cálida pero neutral y me dijo: "Peter, tu madre murió hace poco y no fue un suicidio". Con aquellas amables palabras me invadió una oleada de alivio. Y continuó diciendo: "Ella te pide perdón por lo que te hizo y quiere hacerte saber que te quiere; y si lo deseas, puede apoyarte desde el otro lado". Mis ojos se llenaron de lágrimas de alivio. Parecía como si hubiéramos realizado la terapia de una década en aquella breve lectura de *búzios*.

Los krenek

En otra visita a Brasil, con la ayuda de una estudiante y colega llamada Ana do Valle, tuve la oportunidad de visitar a los krenek, una tribu remota. Pero para llegar a ella tardamos treinta horas de viaje, antes de poder conocer por fin al jefe y a su hija, la princesa. Como nuestros planes de viaje se habían atrasado, no pudimos hacer el recorrido a primera hora de la mañana, ya que llegamos bajo un sol sofocante de casi 37 grados centígrados. Con un pescado previamente congelado y ahora semicalcinado en la mano, hicimos una ofrenda tradicional.

El jefe, apenas me vio, me condujo a un agujero en unas rocas, del que brotó una ligera lluvia de agua fresca. Luego me indicó que pasara detrás de su sencilla casa para sentarnos juntos en esteras de bambú, bajo un árbol de mango. A continuación, me ofreció una de las flautas de madera que había traído consigo. Tocamos juntos durante veinte minutos. Pareció darse cuenta de que algo se había instalado en mí y solo entonces me preguntó por qué había ido.

Le pregunté si conocía el término "*susto*", que en portugués significa "parálisis por susto". Dijo que sí y añadió que su hija también le había hablado de la palabra "trauma". A su entender, el trauma no existía de forma aislada. No era algo que sucediera al individuo, sino que solo ocurría cuando se producía una ruptura en la conexión entre los miembros de una tribu o, en nuestros términos, de una sociedad. Así pues, puesto que el trauma se producía en el grupo, debía curarse en el grupo. Esta sabiduría ha permanecido conmigo y ahora la reconocen algunos traumatólogos actuales que han llegado a una comprensión similar. En nuestras modernas sociedades aisladas hemos conseguido avances tecnológicos; sin embargo, hemos perdido el clima saludable de pertenencia y apoyo de los demás en nuestra comunidad.

Más tarde le pregunté al jefe si podía montar un caballo que estaba atado a un árbol cercano. Me dijo que sí y me dirigí colina arriba pero, sin saberlo, había salido en el caballo de la princesa; todos se rieron mucho de ello cuando regresé. Luego nuestra conversación se volvió más seria. Primero, el jefe me preguntó adónde había ido de paseo y le describí mi viaje: subí la colina y luego hice un giro brusco a la izquierda hasta llegar a un claro. La gente se reunió, me miró con atención y luego me informó que había ido a un lugar sagrado donde estaban enterrados los antepasados. Después de esto, se abrieron a mí y hablamos de muchos temas. El jefe me contó cómo trabajaban con los sueños; por lo general, cuando uno de ellos tenía un sueño perturbador o iluminador, todo el grupo se reunía y realizaba una ceremonia, compartiendo el sueño y representándolo mediante cánticos y danzas.

También me enteré de que varias semanas antes de nuestra llegada, una de las jóvenes, que padecía diabetes, estaba embarazada de gemelos. Debido a su alto riesgo, la llevaron al único hospital que había, a unas horas de distancia. Trágicamente, ambos gemelos murieron y tuvieron que ser extraídos mediante cesárea. La mujer cayó en una grave depresión y en el hospital querían administrarle un tratamiento de electrochoque. Así que, a mitad de la noche, algunos miembros de la tribu fabricaron una escalera para llegar a su ventana y rescatarla de aquel tratamiento brutal.

Todas las noches, la tribu se reunía para realizar sus movimientos de danza ritual y nos invitaban a participar. La joven que había sufrido la terrible experiencia del hospital se sentaba en la periferia del círculo. No se esperaba nada de ella; solo se le incluía tanto como ella lo deseara. Entonces, al cabo de algunas noches, vino a unirse al círculo. Parecía que todo el mundo se echaba a llorar y la joven rompió a llorar desconsolada. Su depresión se disipó y a partir de entonces se unió a la danza ritual. Cuando participábamos, siguiendo los sencillos pasos al unísono, entrábamos en un estado alterado de consciencia, un estado que ayudaba claramente a crear una cohesión entre los miembros de toda la tribu. Esto es algo que nuestras sociedades secularizadas, fragmentadas e individualistas piden a gritos; la falta de una conexión tan profunda es un gran perjuicio para nuestro bienestar individual y colectivo.

Los hopi

También recibí algunas bendiciones espirituales trascendentales cuando viví en Flagstaff, Arizona, en 1980, mientras enseñaba en el Centro de Orientación Hopi de la aldea de Shungopavi, situada en Segunda Mesa. La aldea tenía unas vistas impresionantes de los picos de San Francisco, hogar y lugar de descanso de las *kachinas*, deidades sagradas de los hopi. Al enseñar en este centro de orientación adquirí de nuevo un profundo aprecio por la necesidad de abordar el colectivo, no solo el individuo, en la sanación de las heridas del trauma.

Por lo general, al enseñar hago una demostración con uno de los alumnos y luego practican entre ellos. Cuando estaba impartiendo clases en este centro pedí un voluntario; sin embargo, nadie quiso ofrecerse, ni siquiera con mis suaves insinuaciones. Supuse que esta reticencia se debía a la idea de que no se exponen los secretos de familia; o tal vez estos alumnos simplemente se sentían tímidos ante un extraño.

Durante un almuerzo con un antropólogo, le hablé de mis dificultades. Lo que surgió de nuestra conversación fue que, en la cultura hopi, no existe el individuo, no como lo conocemos en Occidente. Para ellos, las unidades básicas de la sociedad son la familia, el pueblo y la tribu. Cuando me instruyó sobre esta diferencia, me di cuenta de que me había equivocado en mi invitación. En mi siguiente reunión con mis alumnos hopi, le pedí a uno de los preparadísimos sofisticados terapeutas del centro que presentara uno de sus casos; la participación fue inmediata y entusiasta. Tras la presentación, pregunté si alguno de los miembros de la clase de formación había tenido una experiencia similar a la del paciente presentado. Ante tal pregunta, un alumno se ofreció de inmediato para hacer una demostración en clase, lo que se planteó como una oportunidad para que el miembro del grupo, el voluntario, ayudara al paciente externo del terapeuta. Tener la oportunidad de contribuir al beneficio de otro fue una poderosa fuerza motivadora.

En muchos sentidos aprendí más de los hopi que ellos de mí. Ser acogido por su comunidad espiritual fue en sí mismo un gran privilegio. Sin embargo, fue la sólida comprensión de la sanación basada en la comunidad lo que surgió, de nuevo, como una revelación sorprendente. Este valioso conocimiento, revelado en medio de las comunidades unidas de la tribu krenek brasileña, subrayó el papel esencial de la cohesión comunitaria en el fomento del bienestar.

Los hopi me ofrecieron otro regalo cuando me invitaron a observar algunas de sus danzas sagradas. Una de ellas era un ritual tradicional de vital importancia llamado "Danza de la serpiente de cascabel". Durante este acto, algunos miembros de la tribu bailaban con serpientes colgando de la boca. Una vez más, no se trataba de una demostración de bravuconería individual, sino de una comunión ceremonial, una invocación grupal profundamente religiosa. Se trataba de una elaborada serie de plegarias ofrecidas a sus dioses, sobre todo a la serpiente emplumada. Mediante la danza de la serpiente de cascabel pedían lluvia vivificante para salvar el maíz, las judías y las calabazas, así como otros cultivos que proporcionan sustento y vida.

Los navajos, el pueblo, la Dine

Mis vecinos de al lado en Flagstaff eran un grupo de hombres navajos. Apreciaban mucho a mi perro espiritual, Pouncer. Su extrovertida y amable personalidad sirvió de puente entre nuestros patios, nuestros hogares y nuestras culturas. Tras una de nuestras conversaciones sobre mis métodos curativos, reconocieron mi sinceridad y me invitaron a reunirme con un curandero que conocían. Después de reunirnos en varias ocasiones, el curandero me invitó a una ceremonia tradicional llamada "El camino del enemigo". Ésta se utilizaba para reintegrar en la tribu a los guerreros que regresaban. Los navajos entendían que, si no se abordaban sus traumas de guerra, la familia, el pueblo y, en última instancia, la tribu toda soportaría el peso de las heridas sin curar. Tras este ritual, los guerreros o veteranos seguirían siendo honrados y venerados por su servicio, su sacrificio, abriendo ritualmente los *powwows,* fiestas comunitarias, y encabezando los desfiles. Aunque era la época de la guerra de Vietnam, esta tradición se remontaba a cuando había guerras tribales, así como a los tiempos en que muchos guerreros de los pueblos originarios eran soldados que regresaban de otros conflictos, como las llamadas Guerras Indias, las dos guerras mundiales y la Guerra de Corea.

Durante la Segunda Guerra Mundial los navajos, así como algunas otras tribus, tenían un idioma que se utilizaba para comunicarse en secreto entre distintas brigadas estadounidenses. Como era un lenguaje no escrito, podían traducir y enviar las órdenes a otras tropas que también tuvieran un navajo entre ellas. Estos locutores navajos de claves corrían el peligro de ser asesinados, no solo por el enemigo, sino también por sus propios compañeros para evitar que fueran capturados y revelaran su código lingüístico bajo tortura. Se les entregaban pastillas de cianuro para que las llevaran consigo y sus compañeros de tropa tenían instrucciones de dispararles ante el peligro inminente de ser atrapados. Así que podrás imaginar la amenaza bajo la que vivían y el valor que necesitaban para perseverar; eran traumas extraordinarios que llevaban de vuelta a sus aldeas y que requerían de ayuda para depurar y sanar.

Permíteme describir brevemente cómo se llevaba a cabo el ritual de reintegración. Antes de que el guerrero pudiera volver con su familia, la gente se reunía en un *hogan*, que significa "hogar", una vivienda tradicional redonda y abovedada del pueblo navajo. Los miembros masculinos de la tribu formaban un anillo alrededor de un fuego central; los tamborileros tocaban una cadencia rítmica, mientras el soldado que regresaba rodeaba el fuego al ritmo de los tambores. Mientras tanto, un curandero observaba con atención al guerrero que se movía alrededor del fuego y contaba hacia atrás los años de vida del guerrero. Cada vez que el curandero observaba signos de trauma en el cuerpo del guerrero, anotaba la edad concreta en la que el trauma había surgido y sus cánticos se volvían más sonoros. El tamborileo se intensificaba, la respiración del soldado se aceleraba y los movimientos de su cuerpo cambiaban, lo que permitía la liberación de su trauma específico de la edad dentro del círculo curativo de la comunidad. Su liberación se veía impulsada por el *crescendo* de los golpes de tambor, las plegarias y los cánticos. Estas liberaciones se prolongaban durante toda la noche, hasta que amanecía. En ese momento, el soldado se enfrentaba al sol naciente a través de la puerta este del *hogan*. Al entrar en la luz del amanecer, se despojaba de las "toxinas" del trauma de la guerra, ahora superado, y disipaba también traumas anteriores, incluso de la infancia. El guerrero que regresaba no necesitaba rumiar su historia traumática, pues todo estaba en su lenguaje corporal, debidamente rastreado por el curandero.

Solo después de esta liberación podía el guerrero reunirse de nuevo con su familia y su comunidad en general. Se le devolvía así a un "estado de equilibrio y belleza dentro del universo", conocido como *hózhó*, en el lenguaje navajo. ¡Fue extraordinario participar en esta ceremonia de sanación reparadora!

La ceremonia del camino del enemigo, a veces llamada "Danza Squaw", fue utilizada por los navajos después de la Segunda Guerra Mundial para "purificar" y reintegrar a los locutores de claves que habían enfrentado peligros extremos durante la guerra. Véase en la lámina 7 la acuarela *First Furlough*, pintada por el artista navajo Quincy Tahoma. He aquí una canción de oración que se les ofrecía a todos al concluir la ceremonia:

> Con alegría, que sus caminos de vuelta dejen rastro en el polen.
> Con alegría, que todos ellos puedan volver.
> En la belleza camino.
> Con belleza ante mí, camino.
> Con belleza tras de mí, camino.
> Con belleza bajo mis pies, camino.
> Con belleza sobre mí, camino.
> Con belleza a mi alrededor, camino.
> En belleza se cumple,
> En belleza se cumple,
> En belleza se cumple,
> En belleza se cumple[1].

Aunque un soldado puede recibir múltiples ceremonias de purificación, el profundo respeto y honor que le conceden sus comunidades también prolonga su sanación a lo largo de los años que le quedan. Como dijo una vez el anciano Ho-Chunk: "Honramos a nuestros veteranos por su valentía y porque, al ver la muerte en el campo de batalla, conocen en verdad la grandeza de la vida"[2]*.

---

*A menudo he observado esta estratificación de traumas con mis clientes al abordar un trauma específico, pues puede haber otras heridas anteriores que se correspondan con la lesión psicológica posterior. Siempre he sentido curiosidad por saber cómo estos patrones de repetición pueden ser como fractales incrustados dentro de otros fractales.

Hágase la luz

En 1946, en el Hospital Mason de Long Island, Nueva York, el ejército estadounidense creó un entorno curativo para algunos de los soldados que regresaban de la Segunda Guerra Mundial con TEPT, o "psiconeurosis", como se conocía en ese entonces de forma peyorativa. En cierto sentido, esto reflejaba lo que ocurría con los rituales navajos. Sin embargo, en lugar de utilizar cánticos, tambores y plegarias para inducir el trance, los "curanderos" del hospital (los estimados médicos) utilizaron el potente "suero de la verdad": el pentotal sódico. Esto creaba un intenso estado alterado llamado hipnonarcosis. Los médicos utilizaban este estado para ayudar a los soldados a revisar sus traumas y divulgar su terror, desesperanza, aislamiento, sensación de fatalidad inminente y los horrores de las heridas y mutilaciones. Al mismo tiempo, el alojamiento compartido, las comidas y las actividades recreativas (incluido el beisbol) mantenían el vínculo y la unión que antes habían caracterizado a su comunidad militar. Las familias de los soldados no tenían permitido reunirse con sus hijos, cónyuges y padres hasta pasado un mes de esta vida en común.

Este poderoso experimento fue filmado por el famoso director John Huston. El ejército le encargó esta película para demostrar que las tropas que regresaban "conmocionadas" eran capaces de reincorporarse a sus vidas de antes de la guerra como miembros activos de la sociedad. Lo que el Ejército no esperaba era la revelación de lo gravemente heridos que se mostraban los veteranos. Temían que la película perturbara demasiado a la población en general y disuadiera del reclutamiento de posguerra, así que la película fue prohibida, por lo que no pudo verse sino hasta 1980, cuando por fin se estrenó. Sin embargo, la copia que terminó haciéndose pública resultó ser de tan mala calidad que muchas de las conversaciones eran inaudibles. La película estuvo disponible en estas condiciones hasta 2010, cuando la

Fundación Nacional de Preservación Cinematográfica financió una reedición. Ésta se encuentra disponible en *YouTube* y recomiendo encarecidamente que dediques un tiempo a verla, para ser testigo de la sanación y el espíritu comunitario que se retrataron de forma tan conmovedora.

John Huston afirmó que los militares habían prohibido su película "para mantener el mito del 'guerrero', que decía que nuestros soldados americanos iban a la guerra y volvían más fuertes por la experiencia". Todos eran héroes; podían morir o resultar heridos, pero su espíritu permanecía inquebrantable[3]. Aunque los veteranos de la Segunda Guerra Mundial fueron considerados los héroes de la "Generación grandiosa" (también conocida como la Generación GI o Generación de la Segunda Guerra Mundial), la mayoría no recibió el tipo de apoyo curativo descrito en la película, sino que se esperaba que volvieran directamente a sus vidas preguerra. Lo único que los líderes del Ejército vieron en la película fue la inaceptable debilidad de los soldados, sin comprender que estos hombres podían curarse poco a poco y convertirse en miembros funcionales y honrados de la sociedad; en cambio, sus heridas fueron estigmatizadas y temidas. A diferencia del pueblo originario navajo, que aprecia profundamente a sus guerreros y los honra de por vida, nosotros, como sociedad, optamos por escondernos de estas heridas e ignorar la posible necesidad de una "purificación" o atención terapéutica continua junto con un respeto auténtico.

Los esfuerzos de la sociedad estadounidense por la reintegración de los soldados no implicaron, en general, un reconocimiento abierto de sus heridas y sacrificios, sino que crearon programas como la ley "GI", encargada de atender las necesidades económicas de los veteranos. Esto les permitió comprar casas en los suburbios, donde tenían comodidades materiales, pero vivían privados de la cohesión social de los hogares, pueblos y tribus navajos. Se les proporcionaron los medios para ir a la universidad y poder convertirse en miembros activos de la sociedad, pero al mismo tiempo se les obligó a enterrar sus traumas. El Ejército y nuestra sociedad fueron incapaces de contemplar simultáneamente que los soldados podían tener heridas descarnadas de guerra y, sin embargo, podían curarse despacio, convirtiéndose entonces en más fuertes y mejores líderes.

Oriente Medio: tierra de guerras interminables y traumas reciclados

Me pidieron que impartiera una formación en Jerusalén hacia 2002, a lo que solo acepté si se invitaba también a terapeutas palestinos. No era una tarea fácil, pero después de algunos contactos, varios terapeutas de Gaza y Cisjordania pudieron participar. Como podrás imaginar, esta reunión fue bastante tensa al principio.

Durante un periodo de preguntas y respuestas, un participante me preguntó si era posible curarse de un trauma si no se conocía su origen. Mi respuesta rápida fue que sí, solo bastaba con reconocer un síntoma perturbador o algún tipo de "embrujo". Un israelí levantó entonces la mano para ofrecerse como voluntario. Se llamaba Chaim Dassberg y había sido pionero en el tratamiento psicoanalítico de los supervivientes del Holocausto. Aunque hace tiempo que falleció, en vida obtuve su permiso para utilizar su nombre completo.

Chaim me informó que sufría de un terrible dolor lumbar desde hacía unos treinta años. Me resultó revelador que asociara este síntoma a un momento preciso de su origen, aunque no lo recordaba. Le pedí que describiera el dolor, incluyendo su localización, forma y color y, a continuación, lo guie para que explorara si había alguna tensión concreta que pudiera estar detrás del dolor. Luego le pedí que intentara percatarse de la tensión, a ver si era de igual intensidad en ambos lados, y no lo era. Entonces le aconsejé que "imaginara" qué movimiento querría hacer su cuerpo y que siguiera ese movimiento interior. En ese momento, su respiración se aceleró y le goteó sudor por la frente. Estaba claro que estaba ocurriendo algo profundo. Entonces dijo que tenía un recuerdo que había estado profundamente reprimido. Durante su época de médico militar, su convoy sufrió una emboscada y todos los soldados, excepto él, fueron brutalmente asesinados. Chaim sobrevivió solo por el hecho fortuito de haber caído hacia atrás del camión y rodado hasta una zanja; cayó de espaldas y permaneció inmóvil hasta que los soldados enemigos se retiraron. No solo le quedó un persistente dolor de espalda, sino también una fuerte dosis de culpa del superviviente.

Volvamos a la clase. Al final, pregunté si alguien quería compartir sus reflexiones tras observar la sesión. Al cabo de un rato, se levantó una psicóloga de los servicios de Salud Mental de Gaza, una mujer alta y elegante que vestía un traje de negocios gris. Nos compartió que cuando Chaim se ofreció como voluntario para la sesión, había esperado que le ocurriera algo malo, que volviera a traumatizarse. Quería que supiera lo que él (o mejor dicho, los israelíes) habían hecho a su pueblo, cómo lo habían humillado, torturado y asesinado. Pero, continuó: "Chaim, cuando me abrí a tu trabajo con el doctor Levine, ocurrió algo dentro de mí que no podía comprender en realidad. Sin saber por qué, me encontré orando por tu sanación. Y, Chaim, me di cuenta de que hasta que no encontremos la paz en nuestro interior, nunca encontraremos la paz entre nosotros". Por desgracia, esta paz ha sido esquiva, ya que los ataques y contraataques continúan hasta el día de hoy.

Alemania

El pasado nunca está muerto. Ni siquiera es pasado.

William Faulkner, *Réquiem para una mujer*

Cuando empecé a dar clases en Alemania, en 1982, me invadieron episodios de ansiedad, miedo e incluso ataques de pánico. Atribuí este estado simplemente al miedo escénico, tal vez debido al temor de trabajar, por primera vez, en este país extranjero y en un idioma distinto. Sin embargo, el miedo parecía demasiado excesivo.

Durante las clases no se mencionaba en absoluto la Segunda Guerra Mundial y, desde luego, nadie se refería a los nazis ni a las SS. Pronto supe que había una ley casi no escrita que prohibía hablar de ese tema.

Gran parte de la formación que impartí versaba sobre la energía y los complejos que almacenamos en nuestro cuerpo. Como parte del curso, los alumnos practicaron muchos de los ejercicios de conciencia corporal que aprendemos en el método Somatic Experiencing. Me encontraba demostrando estas herramientas de rastreo sensorial con una de las alumnas, cuando me di cuenta de que su cuerpo parecía colapsar de una forma específica que entendí que estaba relacionada con la vergüenza. Tras obtener su permiso, le puse la mano en los hombros con suavidad, pero con firmeza, y la ayudé poco a poco a entrar y salir del colapso y volver a una postura más extendida y elevada, de orgullo y dignidad. Tras unos instantes de quietud, se le llenaron los ojos de lágrimas y lloró sin reservas.

Cuando estuvo preparada, le pregunté si estaba dispuesta a hablar de lo que estaba viviendo. Otra oleada de lágrimas se apoderó de ella y describió su profunda vergüenza por la participación de su padre en las tropas SS de Hitler. Otros estudiantes relataron sentimientos similares de vergüenza por la implicación de sus propios padres o abuelos. A continuación, otro grupo habló de su dolor por sus padres y familiares torturados o asesinados en la resistencia clandestina. Cuando ambos grupos divulgaron su dolor, surgió una pena compartida y dentro de este dolor compartido nació un vínculo naciente de sanación, no solo para ellos, sino también para mí. Mientras seguía enseñando allí, mi miedo se disolvía a medida que se curaba mi trauma generacional del Holocausto, el trauma que había hecho que mi abuela Doris se quitara la vida de manera violenta.

A medida que fui conociendo más al pueblo alemán, desarrollé un profundo respeto e incluso admiración por su cultura. Contaban. por supuesto, con una extraordinaria galaxia de admirables escritores, poetas, filósofos y compositores de antaño. Pero también descubrí que los alemanes de la actualidad eran serios, laboriosos, creativos e intelectualmente abiertos, a la vez que muy atentos a los detalles. Eran estudiantes diligentes y varios de ellos se convirtieron más tarde en profesores de mi trabajo de sanación en diversas partes de Europa.

Una vez terminadas las clases, pasé unos días más conociendo Múnich. Paseé alrededor de la Puerta de la Victoria de tres arcos, la "*Siegestor*", y aprecié la renovada ligereza y luminosidad de la ciudad. Sin embargo, un día que paseaba cerca de este monumento, tuve una visión del rojo que bajaba por la escalera exterior de un edificio situado al otro lado de la calle. Compartí esta imagen con un colega alemán y me explicó que allí se había producido una ejecución en masa de estudiantes que formaban parte de la resistencia. La imagen que había visto simbolizaba su sangre derramada. Gracias a la sanación que se había producido en mi clase, pude presenciar esta aparición intuida sin que me invadieran la ansiedad y pánico. Estaba asimilando lentamente lo viejo y lo nuevo, de modo que permitía el perdón y la renovación de la confianza.

Lo más inspirador para mí fue la capacidad de los estudiantes alemanes para mostrar remordimiento y buscar expiación. Esto es algo que los estadounidenses hemos sido incapaces de afrontar, tanto como propietarios históricos de esclavos como asesinos genocidas de los pueblos originarios y afroamericanos. Nuestro propio legado antisemita sigue vivo sin que apenas se le preste atención. También nos enfrentamos al virulento resurgimiento del nacionalismo y la supremacía blanca. Como sociedad, hemos sido muy débiles a la hora de abordar estas rupturas extremas de nuestra integridad moral. Me parece que, en la cultura de nuestro país, el trauma sigue reverberando, a menudo como un prejuicio implícito que disminuye aun más nuestra interconexión con nuestros conciudadanos. La capacidad de pasar de la sanación individual a la sanación comunitaria y social es un reto para todos y cada uno de nosotros. El mundo tiene mucho que aprender del modo en que los alemanes han seguido abordando su vergüenza y complicidad colectivas. No pretendo decir que sean parangones de virtud, sino que han intentado transformar, de manera sincera y honesta, su culpa en acción positiva.

Mis propios prejuicios raciales

Con mucha vergüenza recuerdo un episodio en el que demostré personalmente prejuicios raciales. El alcalde de Los Ángeles, Eric Garcetti, me pidió que dirigiera una formación sobre las secuelas del tráfico sexual de menores, a la que asistieron trabajadores sociales, terapeutas, policías y agentes del sheriff. Después de mi taller, una joven negra se me acercó y me dijo que había sacado mucho provecho de la formación y me preguntó cuál de mis libros debería leer para conocer mejor mis métodos. Busqué en mi bolso y saqué mi primer libro, *Curar el trauma,* y se lo ofrecí, pensando que sería ideal para ella dado que era la lectura más sencilla. Continuamos nuestra conversación y le pregunté por sus intereses actuales, enterándome de que acababa de doctorarse en psicología y de que estaba estudiando derecho, ¡todo ello a los veintitantos años! De inmediato me di cuenta de que mis estereotipos y prejuicios implícitos me habían hecho suponer que era nueva en el tema y, por tanto, le había sugerido una lectura más fácil. Así que, con gran vergüenza, di marcha atrás y me ofrecí a darle algunos de mis libros más complejos sobre el trauma, *In an Unspoken Voice* y *Trauma and Memory.* Ahora recuerdo esta interacción con calidez y humildad. Me sentí honrado de que me diera esta lección sobre prejuicios implícitos, sin agravar mi vergüenza por mis suposiciones inadecuadas. Estaba ante una nueva sanadora con una lección que dar a la vieja escuela, es decir, ¡a mí!

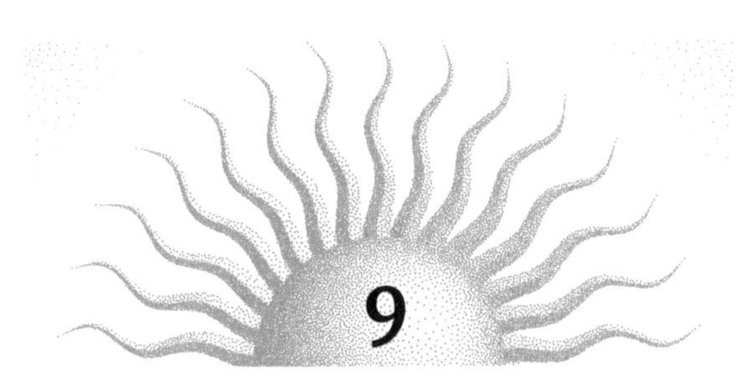

Las cuatro mujeres más importantes de mi vida

(más una fogosa estudiante universitaria)

He recibido regalos sin medida de cuatro mujeres poderosas: Charlotte Selver, Magda Proskauer, Ida Rolf y Mira Rothenberg. Cada una de estas pioneras ha inspirado mi desarrollo como profesional, como maestro y como persona.

Cuando llegué a la Universidad de Berkeley, procedente de la Universidad de Michigan, en 1964, simplemente no sabía que tenía un cuerpo. Estaba tan alejado de él que mi existencia se reducía a la mente: ¡Lo importante reside en mi cabeza! "¿Qué más puede haber?", me preguntaba junto a mis compañeros intelectuales. "¿Por qué necesito siquiera saber que tengo un cuerpo?".

Conocí a Charlotte Selver en 1965, en la magnífica catedral luterana de San Marcos, situada en lo alto de la calle O'Farrell de San Francisco. Estaba en un taller de dos días impartido por Selver y su marido, Charles Brooks, el cual se ofrecía, más que todo, a los monjes del centro zen de la granja Green Gulch, en el condado de Marin, California, y el centro zen de la montaña de Tassajara, cerca de Big Sur. De alguna forma, mi amigo Jack Kaplan me había conseguido un asiento en este taller esotérico.

Unas palabras sobre Charlotte Selver... Esta señora era una fuerza a tener en cuenta y algo debió de hacer bien, pues vivió y enseñó hasta los 102 años. De hecho, cuenta la leyenda que como viuda de noventa y seis años, se fugó con su novio de cincuenta y, al parecer, vivieron felices por siempre. Véase en las láminas 8 y 9 fotos con mi mentora Charlotte.

Empezamos nuestra clase con esta enigmática dama haciendo los ejercicios más estúpidos, agravantes y enloquecedores. Por ejemplo, tomábamos una piedra y la sosteníamos entre las manos, anotando su tamaño, forma, textura, temperatura y peso. Era un ejercicio que parecía eterno y que, al hacerlo con los ojos cerrados, resultaba algo desorientador. Luego, aún más difícil, con la piedra en la mano, caminábamos en círculos, lo que parecía no terminar nunca. Nos enseñaron a fijarnos en cómo tocaban el suelo nuestros pies. ¿Qué parte del pie tocaba primero el suelo, los dedos o los talones, y qué lado hacía más contacto con el suelo, el arco interno o el externo? Luego se nos invitaba a explorar cómo nuestros pies estaban conectados con nuestros tobillos y así sucesivamente, a través de todo nuestro cuerpo. Por último, mientras dábamos vueltas por la sala, me dirigí a uno de los monjes y le pregunté si estaba aprendiendo algo. Su respuesta fue: "Me duele mucho la cabeza". ¡Por fin alguien decía algo coherente!

Hacia el final del día, Charlotte Selver nos hizo acostarnos boca arriba y nos dijo que sintiéramos nuestra respiración entrando y saliendo por los pies, así como por otras partes del cuerpo. Desde una perspectiva científica, sabía que esto no tenía sentido y que, francamente, era ridículo; en sí, era imposible. Sin embargo, al final del día, cuando Jack y yo salimos de la iglesia y contemplamos el valle de la ciudad y el puente de la bahía, todo cobró vida. Juntos compartimos una visión de las luces de la ciudad, centellando en una hermosa y armoniosa sincronía. La única vez que había experimentado algo similar fue cuando tomé LSD. Lo que el ácido hizo por mí, podía hacerlo ahora por mí mismo: mi cuerpo, vivo y sensible, podía llegar al mismo lugar, todo ello planteando las preguntas adecuadas. Pero, ¿cómo cultivar este nivel de conciencia corporal? Esa indagación me condujo a la terapia respiratoria de Magda Proskauer.

Magda Proskauer: patinar para respirar

Tras mi "despertar inicial" con Charlotte Selver me dirigí a una fisioterapeuta poco conocida, llamada Magda Proskauer. En una clásica casa victoriana de San Francisco, encaramada sobre los *hippies* de Haight-Ashbury, estaba su acogedora casa y despacho. Su terapia utilizaba la función respiratoria como herramienta, a veces combinada con pequeños movimientos, para lograr un mayor conocimiento de uno mismo. Con su ayuda, a lo largo de uno o dos años, aprendí a experimentar con mi respiración y a tomar consciencia gradualmente de las influencias que obstruían la respiración espontánea.

Mi taller con Charlotte Selver requirió muchas horas de concentración en el cuerpo para evocar esta conexión vivida. Sin embargo, con la consciencia de la respiración de Magda, mi expansión interior se produjo con más facilidad. Además de fisioterapeuta, Magda también era analista junguiana. A veces surgía una imagen al prestar atención a mi respiración; otras veces empezábamos la sesión centrándonos en un sueño reciente y luego encontrábamos su contrapartida en el cuerpo. La terapia de Magda me ayudó a unificar mente y cuerpo a través de imágenes, sensaciones y sentimientos, y durante algunos encuentros me hablaba de sus percepciones y teorías.

Debido a mis intereses científicos, a veces me citaba a las 11:30 de la mañana, después de mi sesión, para que tuviéramos tiempo de conversar informalmente. Hablábamos de sus métodos y, en ocasiones, compartía detalles íntimos de cómo llegó por primera vez al trabajo terapéutico.

En una de estas reuniones compartió conmigo la historia de cómo "despertó" a su cuerpo. De niña, durante los fríos inviernos europeos, patinaba en un lago helado cercano a su casa. Un día, mientras practicaba patinaje artístico, tuvo una sensación parecida a la evaporación del tiempo, que dio lugar a una percepción del "flujo intemporal". Fue vivificante y su huella permaneció con ella durante toda su vida. Sin embargo, como estudiante universitaria, Magda tuvo que aplicar toda su voluntad a sus estudios académicos, por lo que se desconectó temporalmente de su cuerpo sensitivo y conocedor. Creo que compartió todo esto conmigo para ayudarme a comprender cómo yo, también, había abandonado mi cuerpo al servicio de los estudios académicos de posgrado.

Volvamos a la historia de Magda. Tras licenciarse, recibió formación en fisioterapia en la Universidad de Múnich, en Baviera, Alemania. Allí, utilizando distintas formas de terapia respiratoria convencional, trató a pacientes con poliomielitis, parálisis cerebral y asma. Algunos de ellos se curaron, al parecer de forma milagrosa, y su recuperación fue duradera. Sin embargo, con otros pacientes, aunque mejoraban con rapidez, sus problemas reaparecían.

A continuación, Magda empezó a observar si la respiración de sus pacientes se volvía espontánea durante las sesiones de terapia y, en particular, si sus exhalaciones se tornaban plenas y completas. Además, observó que su incapacidad para exhalar de forma completa y natural estaba relacionada con diversos trastornos psicológicos. A este respecto, se sumergió en la obra de Carl G. Jung y se dio cuenta de que el acto de respirar ocupaba un lugar único, como puente entre los procesos conscientes e inconscientes. Por ejemplo, podemos contener la respiración a propósito o aumentar el ritmo respiratorio, pero rara vez somos capaces de modificar voluntariamente funciones autónomas, como los latidos del corazón o el flujo sanguíneo. Así, pues, a través de la consciencia de la respiración tenemos la capacidad única de unir los procesos conscientes e inconscientes. En tal sentido, para Magda, la respiración se convirtió en el vínculo entre el "inconsciente colectivo" de Jung y la conciencia consciente, entre la mente y el cuerpo, entre *psique* y *soma*.

Atrapado entre dos mundos

Cuando volví al mundo de la ciencia me encontraba atrapado entre mi poderosa experiencia del taller con Charlotte Selver y mis sesiones de respiración con Magda Proskauer. Sentí una necesidad imperiosa de comprender la ciencia detrás de lo que ocurría en mi cuerpo y en mi sistema nervioso durante estas sesiones. Era obvio que algo poderoso sucedía cuando sentía que la respiración entraba en mis pies y otras partes de mi cuerpo, aunque la fisiología básica impedía claramente que todo nuestro cuerpo respirase.

Como parte de mi beca mensual de licenciatura en Berkeley, en 1965, se me encomendó diseñar e impartir una clase de fisiología de licenciatura, basada en el laboratorio, llamada Ciencia Natural Contemporánea (CNS). Esta clase estaba financiada por los National Institutes of Health ("Institutos Nacionales de Salud" o NIH, por sus siglas en inglés) para promover la enseñanza de las ciencias naturales a nivel universitario.

Abrumado por la paradoja entre el sentimiento y los hechos empíricos, tuve una idea; pero primero necesitaría una voluntaria. Una fogosa y pelirroja estudiante universitaria se ofreció a quedarse después de clase y me permitió conectarla a varios transductores eléctricos diferentes para, así, medir diversos parámetros fisiológicos y ver si existía una correlación entre esas medidas y la respiración. Para registrar su respiración, le pedí que se colocara un tensiómetro alrededor de la parte inferior del tórax, que mediría su respiración diafragmática. Después conecté electrodos de electromiografía (actividad eléctrica muscular) en la planta de sus pies. A continuación, registré su ritmo cardíaco con un electrocardiograma (latido eléctrico del corazón). Por último, sujeté un pletismógrafo a uno de sus dedos para registrar los cambios en el flujo sanguíneo.

Pensaba que podría existir una correlación objetiva y mensurable entre respiración, actividad muscular, frecuencia cardiaca y flujo sanguíneo. Con todos los transductores mencionados ya conectados pude observar los garabatos en un dispositivo de grabación similar a un detector de mentiras. Noté que había poca correlación o covarianza; parecían relacionados al azar. Así que, de manera absurda, intenté guiar a mi alumna del mismo modo que Charlotte Selver y Magda Proskauer me habían guiado a mí, lo que solo condujo a la frustración mutua. Sin embargo, en un momento de irritación compartida, se produjo un avance aparente: me di cuenta de que cada vez que respiraba, parecía producirse un aumento muy leve de la actividad eléctrica en sus músculos, presumiblemente junto con una contracción muscular minúscula, y también se producía un aumento de la frecuencia cardiaca y una disminución del flujo sanguíneo en el dedo. Y a la inversa, cuando exhalaba, sus músculos parecían apenas relajarse y se percibía una disminución apreciable de la frecuencia cardiaca y un aumento notable del flujo sanguíneo hacia el dedo. Su respiración parecía, entonces, más espontánea, serenay plena.

Cuando pedí a mi fogosa voluntaria que describiera lo que estaba experimentando, exclamó: "¡Déjame tranquila!". Naturalmente, mi sujeto de pruebas estaba reacia a salir de su ensoñación e involucrar a su intelecto. Sin embargo, durante una conversación posterior quedó claro que había entrado en un estado de "flujo", puede que muy similar al que yo había experimentado con Charlotte y Magda o al que Magda había sentido durante su infancia patinando sobre el hielo.

Cuando hablé con Magda, parecía fascinada por lo que había hecho en el laboratorio con mi voluntaria. A partir de ese entonces, la mezcla de la ciencia y las artes curativas se convirtió en una luz que guio mi desarrollo profesional y personal.

La dama de hierro

Conocí a la doctora Ida Rolf en 1969. Por aquel entonces yo tenía veintitantos años y pesaba unos 59 kilogramos. A veces se refería a mí, con cariño, como el joven "saco de huesos y mechón de pelo". Aunque yo era el más delgado y el más joven de sus alumnos, milagrosamente accedió a formarme en su método, llamado Integración Estructural, o simplemente Método Rolfing.

Por alguna razón me tomó afecto, quizá por mi mentalidad científica, e incluso me permitió que de vez en cuando la llamara "abuela". A todos los demás, a excepción de un colega llamado Peter Melchior, se les negó esta familiaridad. Una noche me recibió en su departamento del Alto Manhattan y, tras una animada conversación, me invitó a cenar a una charcutería judía local. Me habló de lo afortunado que era por tener una relación especial con ella, mientras yo asentía tímidamente con la cabeza. Cuando terminamos de comer y nos dirigimos a la salida, una pareja de ancianos judíos, que hablaban con un marcado acento yidis, le dijeron: "Qué suerte tienes de tener un nieto tan encantador". A esto, ella se encogió de hombros y me ofreció una débil sonrisa. Véase la lámina 10.

Al año siguiente, me embarqué en un estudio de diez semanas con ella en Big Sur, California.

Ajuste de cuentas

El primer día, la doctora Rolf expuso con elegancia sus singulares teorías sobre el cuerpo humano y compartió algunas historias sobre las diversas filosofías y enfoques de la fenomenología que había estudiado a lo largo de su vida*. La gran dama, adornada con una gardenia fresca entre sus cabellos plateados, desplegó entonces su método estructural de manipulación del tejido profundo sobre el sujeto de demostración que había elegido. Al día siguiente, una vez reunidos en su salón, nos preguntó qué había que hacer en la segunda de las diez sesiones. Los alumnos temblábamos por el miedo a equivocarnos de respuesta y ser humillados por sus feroces exigencias. Para evitar sufrir este destino en cada clase, acorralamos a dos expertos en el método, o *Rolfers*, Peter Melchior y Jan Sultan, que vivían en los alrededores de Big Sur. Les invitábamos cervezas en el bar de Esalen a cambio de que nos dieran sus conocimientos sobre la "receta" para la siguiente sesión.

Así que, aquella fatídica segunda mañana, la doctora Rolf puso a su modelo delante de la clase (vestido solo con calzoncillos, como se hacía en aquella época), y nos retó con firmeza a que nos informáramos uno al otro de lo que tenía que ocurrir a continuación. Uno tras otro, los alumnos recitamos la información formulista que habíamos recibido de los dos *Rolfers* la noche anterior. Luego, uno tras otro, fuimos derribados en rápida sucesión. Finalmente, exasperada, la doctora Rolf gritó: "¡No! ¿Qué ven?". Y de nuevo: "¡No, no, no! **¿Qué ven?**"

---

*Uno de los títulos fuente de inspiración que mencionó fue el libro de 1937 de Mabel Elsworth Todd, titulado The Thinking Body, que la doctora Rolf tenía en gran estima. Mabel Elsworth Todd está considerada la fundadora de lo que se ha dado en llamar Ideokinesis, una forma de educación somática que se hizo popular entre bailarines y profesionales de la salud en la década de 1930.

Ver o no ver, esa es la percepción

En los meses anteriores de que fuera a estudiar con la doctora Rolf, uno de mis compañeros de laboratorio de Berkeley, Earl Mehari, me legó el uso de una cabaña en Bodega Bay, cerca de donde se rodó la película de terror de Alfred Hitchcock, *Los pájaros*. El alquiler de la cabañita, propiedad de una familia de pescadores locales, era de quince dólares al mes. En una pequeña estantería descansaba un libro delgado con el escueto título *The Tide Pools of the Central California Coast* y en sus páginas se describían las criaturas que vivían en ellas. Con el folleto en mano, crucé las dunas con la marea baja y me senté junto a una piscina natural excavada en las rocas. Miré dentro de ella, pero incluso forzando la vista no vi nada. Volví a consultar el libro, pensando que tal vez se aplicaba a otra latitud de California. Al final, casi desesperado, en vez de mirar la piscina natural, miré hacia el horizonte. Sentí que mis ojos se relajaban en la unión del mar y el cielo. Al abrirme a esta sensación, fui más consciente de la periferia de mi visión. Y para mi sorpresa, sin intentarlo, empecé a ver pequeñas criaturas que iban y venían por la piscina natural. Poco a poco fui cultivando mi recién surgida "visión suave", una percepción que me ha servido hasta el día de hoy. Cuando fui consciente de lo que hacía mi cuerpo al cambiar mi visión, me di cuenta de que había relajado los músculos de la nuca y cráneo. Una vez más, me sentí muy agradecido con Charlotte Selver por haberme introducido al mundo de la conciencia corporal. La lección que me llevé fue ver sin esfuerzo, ver de verdad, libre de los filtros de la mente consciente, y eso significa ver las cosas desnudas tal como son.

Volvamos a Ida Rolf y a aquella tensa mañana. Una vez más, exclamó: "¿Qué **ven**?" (No "¿Qué piensan?"). Y en ese delicado momento, mientras todos nos quedábamos paralizados a la expectativa, mi visión pasó del esfuerzo a la visión suave. Entonces pude describir las complejas relaciones entre las distintas partes del cuerpo de su modelo y comunicar a la clase si los movimientos y la estructura de su cuerpo eran coherentes o desorganizados e inconexos. Por último, pude percibir cómo el todo era mucho mayor que la suma de sus partes. Observé una propiedad emergente del cuerpo vivo, "la tela sin la araña". Me estaba convirtiendo en uno de los muchos etólogos, antes de conocerlos en verdad, aunque más tarde aprendería a admirar enormemente su cruda habilidad de observación, que me ha servido de mucho a lo largo de mi carrera.

Tengo una última deuda de gratitud con la doctora Rolf: ella fue quien me animó personalmente a trabajar con niños y bebés. Véase la lámina 11.

Mira: un reencuentro inesperado

En 1973 estaba enseñando a mis alumnos de Berkeley la importancia de nuestros recuerdos más tempranos, las huellas traumáticas implícitas que se producen en el útero y durante el periodo perinatal. La semana siguiente, uno de mis alumnos trajo de la biblioteca un libro escrito por una mujer llamada Mira Rothenberg, titulado *Children with Emerald Eyes.* Me conmovieron profundamente sus estudios de casos, en especial, dos de ellos. Mira escribe desde sus entrañas, su corazón y su alma, no solo desde su intelecto, aunque su mente es tan aguda como la de cualquiera que conozco. En este libro profundiza en la compleja angustia de sus jóvenes pacientes y nos lega un regalo sin medida.

A riesgo de parecer demasiado místico, cuando conocí a Mira Rothenberg, en 1975, tuve la impresión de que la conocía de toda la vida; sentí que en ella había encontrado una maestra y un alma gemela.

Fue como si hubiera descubierto una parte perdida de mí mismo. La conocí en persona en su casa de piedra rojiza, ubicada en el número 160 de State Street, en Park Slope, a pocas manzanas del puente de Brooklyn (véase la lámina 12). En aquel encuentro inicial fui consciente de que me había encontrado cara a cara con una formidable fuerza de la naturaleza. Mira, aunque era absolutamente feroz, también tenía una extraña capacidad para sentarse con un niño vulnerable en su escondite más profundo y sacarlo despacio de su aterrador abismo de aislamiento. Era capaz de entrar poco a poco en contacto con ellos y ayudarlos a salir de su fortaleza tan custodiada, erigida para protegerse de un mundo demasiado confuso, abrumador o cruel.

Incluso en la sección del libro de Mira que revela uno de sus fracasos clínicos, su franqueza sobre su persistente lucha frente a probabilidades insuperables nos pone en contacto con nuestros más profundos miedos, esperanzas y vulnerabilidades. Al revelarse estos sentimientos, que suelen estar bien defendidos, nos sentimos inesperadamente fortalecidos por el brazo extendido e inquebrantable de Mira. Estas historias de transformación, fracaso y triunfo inspiran valor para enfrentarse a la noche más oscura del alma. Son historias de dolor y desesperación, de esperanza y resurrección, así como de nuestra humanidad compartida. A continuación me referiré a dos de esas historias.

Jonny

Jonny, "el bebé de incubadora", era uno de los bebés más pequeños que han sobrevivido en Estados Unidos, pues solo pesó 680 gramos al nacer. Mira lo describió así: "su piel lucía arrugada y quemada, de un color marrón chocolate"[1]. Según todos los indicios, era "extrañamente feo"[2]. Incapaz de hablar o andar, y aparentemente sordo y mudo, era inaccesible y carente de todo encanto. Jonny existía, pero no vivía. Sin embargo, paso a paso, Mira pudo ayudarle insuflando vida a su cuerpo flácido y apático, y luego le ayudó a dar sus primeros pasos, estabilizado por los brazos acogedores de Mira.

Tras muchas de sus sesiones juntos, Jonny desarrolló una compulsión a ponerse delante de las bombillas del despacho de Mira. Desde el principio, a ella le llamó la atención la tremenda preocupación de Jonny por las luces. Cuanto más brillante era la luz, más le atraía y más quería acercarse a ella. Cual polilla atraída por una llama, se arrastraba y se ponía directamente bajo las luces más brillantes, mientras agitaba los brazos con un movimiento similar al de las alas.

La fascinación de Jonny por las luces le pareció significativa a Mira y pensó que había que hacerle seguimiento, así que hizo que el padre de Jonny, carpintero de profesión, construyera una réplica a tamaño natural de lo que había sido su incubadora. La hizo con varias luces en una caja transparente y la llevó a casa de Mira la noche anterior a la siguiente sesión. En ella colocaron un muñeco del mismo tamaño que Jonny había tenido cuando era un bebé de incubadora. Al día siguiente, sus padres lo llevaron a su casa; las luces de la incubadora estaban encendidas cuando Jonny entró en la habitación. La vio de inmediato y se detuvo en seco; todo su cuerpo se puso rígido y luego tembló y se estremeció, mientras su cara se tornaba de un color "verde" espeluznante[3].

Entonces llegó el momento decisivo. Jonny pareció retroceder; sin embargo, en lugar de caer, se volvió hacia Mira y, en una fracción de segundo, su rostro adoptó una expresión de angustia, rabia y acusación. Parecía decir: "¿Cómo has podido hacerme esto?". Mira relata su reacción y observa que era la primera vez que sus ojos se centraban realmente en ella o, más bien, en alguien. Mira necesitó toda su fuerza para recordar que **tenía** que ser "brutal" con Jonny, enfrentándolo a su trauma al exponerlo a la incubadora por el bien de su sanación[4].

En pocos minutos Jonny se convirtió en un niño diferente. Ya no tenía la expresión en blanco; mostraba sentimientos. Por primera vez, Mira lo vio intacto, tanto a nivel emocional como físico. Se dio cuenta de que había ganado una parte importante de la batalla. Cuando su madre vino a recogerlo, Jonny pronunció la palabra "mamá", mientras lloraba con su progenitora por primera vez. Luego, durante las siguientes sesiones de tratamiento, rompió a llorar amargamente. Después de esto se le hizo posible llorar. Y junto con atreverse a llorar, empezó a reír, a menudo a carcajadas y con un sentido del humor travieso. Al cabo de tres años de terapia con Mira, lloraba cuando le dolía algo, reía cuando estaba contento, amaba y evocaba amor en los demás. Poco a poco fue capaz de establecer relaciones con otros niños y también con adultos. Aprendió a manipular conscientemente a las personas con una destreza que superaba con creces su edad. Se había convertido en un joven brillante y atractivo.

Peter

Mira comenzó este capítulo, el de mi tocayo, con estas evocadoras imágenes:

> *El antílope, el ciervo y la gacela juegan en la hierba alta. El pequeño chimpancé mira desde el árbol, con envidia y curiosidad, todo el terreno... El potro recién nacido prueba la fuerza de sus patas, todavía al alcance de su madre, pero anhelando ya el momento de la libertad*[5].

Sobra decir que su referencia al comportamiento animal desencadenó en mí una atención intensa e indivisible, dada mi fascinación por la etología. Además, el capítulo titulado "Peter" suscitó una identificación sorprendente y casi reflexiva. Al leer las páginas dedicadas a este paciente autista descubrí que su hábil prosa exponía inesperadamente mis propias heridas internas. Con estas heridas propias al descubierto, y con mi imaginación de la presencia de Mira, fui guiado hacia la apertura a mi Yo más profundo. Y tú, querido lector, puede que también descubras que sus astutas interpretaciones te conmueven, alcanzando tus más íntimos recovecos y vulnerabilidades.

Peter, el niño de este capítulo, nunca había conocido la libertad. Era un niño que, a diferencia de Jonny, podía andar y hablar, y de vez en cuando reír y llorar. Podía asombrar con su genio fenomenal; era un sabio cuyas proezas intelectuales superaban la comprensión de muchos. Como describe Mira: "Desde los dos años era capaz de sumar, restar, multiplicar y dividir números de proporciones astronómicas", y "A los siete podía resolver a la perfección todos los crucigramas del *New York Times*"[6].

Mira escribe: "Peter era un niño pequeño que tenía un miedo desesperado e irrevocable a la destrucción. Y como la destrucción parecía siempre presente, se construyó un mundo en el que solo él, amo y creador de todo, reinaría con poder absoluto, así controlaría y eludiría su destrucción final"[7]. La solución de Peter a este terror, que lo consumía por completo, fue depositar partes de sí mismo por todo su "reino", lo que le permitió funcionar, aunque estuviera roto en pedazos. Mira continúa diciendo: "Su mundo era extraño, solitario y aterrador; un mundo muy rígido y cruel". Para apaciguar a los dioses de la destrucción, siempre al acecho de su vida, se destruiría a sí mismo"[8]. Estas drásticas tácticas de supervivencia eran las únicas opciones que podía imaginar. Su historia me recordó cuando, de niño, rezaba compulsivamente para alejar mi terror a ser violado y abusado de nuevo.

Así, Peter "vivía en este mundo extraño, donde el peligro acechaba por todas partes y la destrucción estaba por todos lados; pero al hacer uso de una magia propia, escapó a su destino. Y todo lo que hacía en su mundo estaba dirigido a su único objetivo: sobrevivir"[9]. No podía quedarse solo; le resultaba demasiado aterrador o demasiado doloroso;

sin embargo, tampoco podía conectar con ninguna otra persona. No podía coexistir porque los peligros de la obliteración eran demasiado grandes. Tanto la soledad como la presencia de otras personas podrían acarrearle el desastre, terror y dolor sin fin. Escribe Mira que "para existir corría de un lado a otro dentro de su terrorífico laberinto; o bien lloraba de desesperación, o chillaba en una agonía de terror y dolor ilimitados y atroces... Dado que consumía la mayor parte de su energía en evitar la destrucción, negando una vida verdadera, quedaba poco para todo lo demás; y así el niño daba la impresión de tener una capacidad mental limitada"[10]. Mira también reflexionó: "Parecía un bailarín solitario en una cuerda floja, siempre tambaleándose, pero intentando con desesperación mantener el equilibrio. No miraba hacia arriba ni hacia abajo, ni a ninguna parte, por miedo a perder su punto de apoyo, su anclaje a la vida. Cada pizca de energía era indispensable para esta larga y aterradora danza"[11].

La terapia de Mira con Peter se prolongó durante diez años y su progreso era a menudo vacilante; solo se producía en pequeños incrementos, paso a paso. Sin embargo, con la mano tendida y la orientación de Mira, Peter aprendió a enfrentarse a sus terrores y pudo habitar su cuerpo poco a poco. Me identifiqué con su lucha, conectándola con mi propia soledad y terror. Como se describe en capítulos anteriores, yo también aprendí a enfrentarme a mi aniquilación, a veces con el uso de psicodélicos.

La presencia y mentoría de Mira me enseñaron muchísimo. Pude participar en su trabajo con niños muy perturbados en su escuela del centro de Brooklyn y en el campamento *Blueberry*, al norte del estado de Nueva York. Ella contaba con una discreta pero potente destreza para atraer a estos niños tan perturbados, muchos de los cuales eran psicóticos, esquizofrénicos o autistas. Su poder único no estaba limitado por ningún dogma y su rara habilidad para conectar con los mundos interiores secretos de estos niños revelaba un don que, por desgracia, parece cada vez más escaso en estos tiempos de "soluciones rápidas", mecanizadas y farmacéuticas, cuyo fin es tratar las enfermedades mentales.

Quizá el mayor regalo que me hizo fue enseñarme a confiar en la unidad de mis entrañas, mi corazón, mi alma y mi mente. Me ayudó a enfrentarme a mis demonios, como había hecho con Jonny y Peter. Con Mira adquirí la capacidad de entrar en las profundidades de mi oscuridad y celebrar cuando la luz brillaba a través de las grietas. Lo que sigue es una exploración del desarrollo de nuestra relación personal.

Mira era a menudo franca, siempre auténtica. Durante los últimos quince años de su vida, hasta su muerte a los noventa y tres años, pasaba los meses de septiembre con ella en Nueva York. Siempre era un regalo gratificante aterrizar en su casa de Brooklyn mientras me recuperaba del desfase del horario y de mi ajetreado verano de docencia en Europa.

Durante una visita, llegué con una maleta de ropa sucia y utilicé la lavadora del sótano sin su aprobación explícita. Cuando le dije que la había usado, gruñó y casi me arranca la cabeza. Retrocedí ante su furia y me retiré, como un niño de cinco años regañado, a la habitación de visitas, en el tercer piso. Estaba claro que no podía hacer frente a su furia en aquel momento de intenso ataque.

Más tarde me di cuenta de que Mira se resistía a botar ninguna comida de su refrigerador. Sus pobres ayudantes se sentían demasiado intimidados por su temperamento como para deshacerse de esos alimentos, aunque estaba claro que eran la causa de sus continuos problemas estomacales. Así que me encargue de desechar un lote de sopa de pollo que tenía tres semanas, lo que provocó otra andanada de palabras enfurecidas de Mira. Sin embargo, a diferencia de la debacle de la lavadora, esta vez me mantuve firme y le ordené con calma, pero con firmeza: "Mira, no dejaré que te enfermes, ¡no bajo mi cuidado!". De repente, su rostro se relajó y se le llenaron los ojos de lágrimas, al tiempo que se desprendía de su armadura protectora.

Me di cuenta de que me había dejado tocarle un nervio en carne viva, una herida profundamente vulnerable. Se sentía rechazada, no querida y abandonada. Me contó que, de niña, sus padres habían huido de Lituania y escapado de los nazis viajando a Estados Unidos. Sin embargo, ella, de diez años, se quedó atrás con un vecino desconocido que vivía a orillas de un denso y oscuro bosque, donde pasó casi toda su infancia, sola. Me conmovió mucho que confiara en mí para tomar la mano de aquella niña herida y traerla de vuelta del oscuro bosque.

Ahora podía entender su tendencia a acaparar comida, producto de su experiencia como niña judía abandonada en el bosque. Aunque era famosa por intimidar a sus ayudantes, era capaz de respetar que me opusiera a su ferocidad en nombre del amor y el cuidado que le profesaba. También podía identificarme con su miedo a morir de hambre, ya que mi familia se había enfrentado a eso con el encarcelamiento de mi padre. Era un terror profundo que ambos conocíamos demasiado bien.

Una vez que logré darle la vuelta a la situación, nos convertimos en los mejores amigos y compartimos nuestros viajes. En cuanto al refrigerador, disfrutábamos juntos de productos gourmet frescos, sobre todo el queso Jarlsberg, importado de Noruega. Citando a Friedrich Nietzsche: "Solo creería en un dios que supiera bailar". Mira fue bailarina profesional en su juventud, mientras que en su madurez fue una bailarina de espíritus mágicos, una hechicera sanadora.

La estrategia de Peter de ocultar partes de sí mismo por todos sus dominios recuerda el convincente mito egipcio de Isis y Osiris. Este último fue un rey grande y querido que gobernó Egipto, enseñó agricultura y dio a sus súbditos el imperio de la ley y las raíces de la civilización. Sin embargo, Seth, su hermano, quien sentía fuertes celos, mató a Osiris y cortó su cuerpo en pedazos. Enterró estos trozos por todo el reino, donde quedarían ocultos para la eternidad. Sin embargo, la amada consorte de Osiris, la reina Isis, por profundo amor a su marido, buscó a lo largo de todo el reino y encontró todos los trozos ocultos. Al reunirlos de nuevo, juntó sus partes, y, de este modo, volvió a estar completo.

Por lo que a mí respecta, también conseguí unir mis partes al enfrentarme, una y otra vez, a mi fragmentación y disociación internas. Lo más importante es que no lo hice solo, sino con la presencia y la guía de otra persona. El trauma no es solo lo que nos ha ocurrido, sino lo que guardamos en nuestro interior en ausencia de un testigo empático plenamente presente.

Estoy muy agradecido con Mira Rothenberg por encontrarme donde estaba y permitirme entrar en su mundo, al igual que ella entró en el mío. Gracias, hermana mayor.

De tal palo, tal astilla: el hijo más preciado

Mira tenía un hijo llamado Akiva (Kivie, de cariño), a quien conocí brevemente cuando él era pequeño y lo vi otra vez de joven. En el año 2002 me encontraba viendo los premios de la Academia, ya que Mira me había dicho que su hijo estaba nominado al Mejor Guion Adaptado por la extraordinaria película *Una mente brillante.* Ganó, al igual que Ron Howard, al Mejor Director, y Jennifer Connelly a la Mejor Actriz de Reparto. Y lo más impresionante de todo, ¡la película se llevó el Oscar a la Mejor Película! En su discurso de aceptación, Kivie dio las gracias a su madre y a su padre por enseñarle a adentrarse en el reino de una mente profundamente perturbada. Lloré al honrar ese linaje y su sabiduría colectiva. Véase la lámina 13.

Lo que Mira hizo con su terapia y sus libros, Kivie y el reparto de *Una mente brillante* lo hicieron llevándonos a la mente y el alma de John Nash. Humanizaron tanto los dones como las maldiciones de su mente esquizofrénica, aunque hermosa. He visto la película varias veces, y cada vez me ha conmovido la profundidad de su guion, la brillante actuación y la inspirada dirección. Seguimos la desintegración, y luego la reintegración, de John Nash, hasta que, convertido en un anciano astuto, recibe el Premio Nobel de Ciencias Económicas por su valiosa contribución: lo que hoy se conoce como la matemática de la Teoría de Juegos.

Así, pues, ofrezco mi más profundo respeto y agradecimiento tanto a la madre como al hijo, por los dones que nos han legado a todos en nuestra humanidad compartida.

Mi *karass*

Al contemplar a esas cuatro mujeres increíbles, y a otras mentoras que he tenido a lo largo del camino, a veces me pregunto por qué fueron tan generosas y por qué eligieron apoyar mi desarrollo y crecimiento. Sospecho que mi curiosidad y búsqueda de conocimiento tuvieron algo que ver, al contrario de mi intelecto o personalidad; más bien, esas maestras conectaron con algo esencial de lo que yo era por dentro, con mi "espíritu". Y, a riesgo de sonar demasiado Nueva Era, creo que hubo fuerzas invisibles que me llevaron a estas mentoras.

Así, pues, al repasar estos encuentros significativos, siento una gran curiosidad por saber cómo y por qué llegué a conocer a estas mujeres poderosas e influyentes. Carl G. Jung escribió sobre lo que denominó "sincronicidades". Se refiere a acontecimientos, lugares o encuentros aparentemente fortuitos con personas que encontramos en nuestro camino. Cuando nos abrimos a estas posibilidades, podemos descubrir la aparición de fuerzas misteriosas ocultas y significados inesperados. En la novela innovadora de Kurt Vonnegut de 1963 que lleva por título *Cuna de gato*, el pueblo desafiante de la isla caribeña imaginaria de San Lorenzo practica en secreto una religión ficticia llamada *bokononismo*. Cuando dos fieles bokononistas se encuentran, se frotan en secreto las plantas desnudas de los pies. Esto se hace para inspirar una conexión espiritual: de la planta del pie al alma, por así decirlo. Y al realizar este acto ritual, las personas pueden descubrir si pertenecen al mismo *karass*. En la novela, este término se refiere a una red o grupo de personas que, desconocidas entre sí, están vinculadas "para cumplir la voluntad de Dios". Además, este esfuerzo compartido está regido por fuerzas misteriosas de las que cada persona nunca puede ser plenamente consciente. En estos encuentros es donde residen el verdadero misterio y la maravilla.

Todos somos capaces de aprovechar esas posibilidades, pero es necesario tener un cierto grado de voluntad, curiosidad y confianza para darse a notar y luego poder explorar estas oportunidades inestimables cuando surjan. A veces, estos encuentros pueden producirse con personas que parecen tener poco en común con nosotros como individuos y, sin embargo, algunas de esas personas pueden ser piezas de un gran rompecabezas. Y a medida que avanzamos en este viaje y nos tocamos las almas, el propósito global de nuestros encuentros fortuitos puede resultar cada vez más claro. Así me ocurrió a mí con las cuatro mujeres más importantes de mi vida.

> Todos nos contamos a nosotros mismos todo tipo de cosas para dar sentido al pasado, tanto que nuestras invenciones, si nos las contamos a nosotros mismos con la suficiente frecuencia, se convierten en la verdad... en nuestra mente y en la de los demás[12].

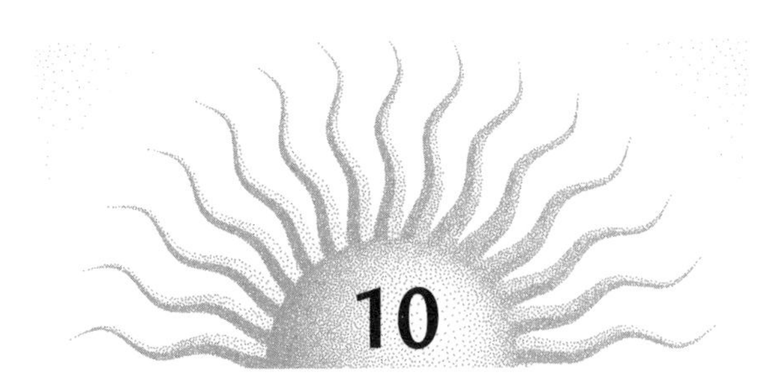

Los cuatro hombres más importantes de mi vida

Todo es cuestión de energía.

P.A.L.

En honor a mi género, deseo reconocer brevemente a cuatro hombres importantes en mi vida académica y científica. Cuando en 1973 me instalé en Berkeley para realizar mi trabajo de doctorado y enseñar y practicar la medicina, tuve el privilegio de asistir a un seminario de posgrado en el departamento de biofísica. Este seminario fue presentado por un israelí llamado Aharon Katchalsky, que estudiaba la electroquímica de las membranas de biopolímeros. Véase la lámina 14. Sus importantes descubrimientos allanaron el camino para la desalinización del agua de los océanos, que fue crucial para el crecimiento y sustento de Israel. Por este logro recibió muchos elogios y premios.

Las complejas matemáticas de sus ecuaciones a menudo me superaban; sin embargo, pude discernir la relevancia de algunas de ellas. Por suerte, tuve la oportunidad, en varias ocasiones, de hablar con este generoso hombre sobre cómo podrían aplicarse sus cálculos a algunas de mis observaciones clínicas.

Por desgracia, en 1974 Katchalsky fue asesinado en un atentado terrorista en el aeropuerto internacional Ben Gurion, de Tel Aviv, en el que murieron veintiséis personas y decenas resultaron heridas. Curiosamente, en 1973, justo antes de esta catástrofe, su hermano menor, Ephraim Katchalsky, también biofísico de formación, fue elegido presidente de Israel.

Orden a partir del caos

El flujo de energía a través de un sistema (complejo) actúa para organizar dicho sistema.

HAROLD MOROWITZ, *ENERGY FLOW IN BIOLOGY*

La repentina ausencia de Aharon Katchalsky me dejó con sentimientos de pena y vacío. Echaba de menos nuestras discusiones inspiradoras. Por suerte, un amigo de uno de mis compañeros de laboratorio, conocedor de mis intereses y de mi mentor perdido, me entregó un delgado libro negro escrito por Ilya Prigogine, titulado *An Introduction to Thermodynamics of Irreversible Processes.* Esta obra, publicada en 1961, parecía seguir un camino similar al que había tomado Katchalsky en su propio trabajo. Prigogine era más conocido por su estudio de lo que denominó "estructuras disipativas" y su papel en los sistemas termodinámicos, descubrimiento que le valió el Premio Nobel de Química en 1977. Véase la lámina 15. En resumen, Ilya Prigogine descubrió que la importación y disipación de la energía en sistemas químicos complejos podía dar lugar a la aparición de estructuras nuevas e inesperadas debido a la autoreorganización interna. ¿Qué significa todo esto en realidad?

En física, la segunda ley de la termodinámica afirma que cuando se introduce energía en un sistema físico, éste se vuelve cada vez más desordenado y a eso se le llama entropía. Para ilustrar un ejemplo sencillo, si se introduce energía (en forma de calor) en el hielo, este se derrite y se convierte en agua, y ésta está menos ordenada que la estructura cristalina del hielo. Luego, si se sigue introduciendo energía (más calor), el agua se convierte en vapor, en gas, y las moléculas de vapor están mucho menos ordenadas que las del líquido, y el agua líquida está, a su vez, menos ordenada que el hielo. Este desorden es característico de un sistema cerrado y "conservador", y está en consonancia con la segunda ley de la termodinámica. En otras palabras, el universo se dirige directamente hacia el caos. Pero, ¡no te preocupes! Este proceso tardará miles de millones de años para cambiar realmente las cosas.

Estructuras disipativas

Todo en exceso es malo;
si no, no sería un exceso.

NORMAN KRETZMANN

A diferencia de los sistemas cerrados, Prigogine estudió las estructuras disipativas. Éstas se relacionan con la estructura de la materia debido a la organización del flujo de energía, como en la teoría de la relatividad de Einstein. Se dice que un sistema, o estructura, es disipativo si intercambia y dispersa energía con su entorno. Una estructura disipativa es, pues, un sistema termodinámicamente abierto que funciona fuera –y a menudo lejos– del equilibrio termodinámico. Digamos que está inmerso en un entorno con el que intercambia energía y materia y (añadiría yo) con el que también intercambia información.

A diferencia de la entropía, Prigogine hizo el monumental descubrimiento de que, en determinadas condiciones, la introducción de energía en un sistema abierto podía hacer que dicho sistema pasara a un nivel superior de organización o, en otras palabras, que mostrara "entropía negativa", lo contrario a la entropía. Sería como si el agua pudiera reconfigurarse en cristales de hielo con la adición de calor, una contradicción con la segunda ley de la termodinámica (algo imposible). Prigogine llegó a darse cuenta de que, dadas ciertas restricciones en los límites, esta introducción de energía podría conducir en realidad a una "autorreorganización interna". Y esto es exactamente lo que había estado observando en mis alumnos y clientes: Si los introducía, poco a poco y despacio, al contacto y las valoraciones suaves de sus sensaciones, emociones e imágenes traumáticas, disfrutarían de una mayor estabilidad, claridad y dirección hacia adelante en sus vidas; en otras palabras, algo parecido a una entropía negativa. Sin embargo, si se introduce demasiada energía en un sistema metaestable de este tipo, o si la energía se introduce con demasiada rapidez, el sistema se puede degradar en desorden y ser potencialmente retraumatizante.

Según mis observaciones e hipótesis, la transformación positiva solo se producía si se estimulaba el sistema nervioso lo suficiente como para que se produjera un cambio en él, pero sin sobreestimularlo; en otras palabras, si se respetaban ciertos límites. Desde una perspectiva clínica, había observado que la exposición a cualquier sensación, emoción o imagen relacionada con el trauma debía graduarse progresivamente, paso a paso, para que se produjera una transformación positiva fiable. Tenía la creencia de que ciertas terapias, que dependían de la liberación emocional y la abreacción continuas, podían estar sobrecargando el sistema nervioso, en especial el sistema nervioso autónomo (SNA), lo que provocaba una mayor desorganización y una regresión descompensada.

Por lo tanto, mi siguiente paso fue imaginar cómo la teoría de las estructuras disipativas podría guiarme para comprender cuándo la reexposición gradual podría fomentar el progreso terapéutico y cuándo podría obstaculizarlo. Para resolver este problema recurrí al trabajo del matemático René Thom sobre la Teoría de las Catástrofes.

Un hermoso pliegue catastrófico

En un momento en que tantos eruditos en el mundo están calculando, ¿no sería deseable que aquellos que pueden hacerlo, sueñen?

René Thom

Se necesitaba una pieza más en este rompecabezas para hacerlo relevante a nivel clínico. Se trataba del trabajo del brillante matemático francés René Thom, que desarrolló la Teoría de Catástrofes. René Thom me inspiró cuando escribió: "En una época en la que tantos eruditos en el mundo calculan, ¿no sería deseable que aquellos que pueden hacerlo, sueñen?"[1]. También me encantó la calidad lúdica de su retrato fotográfico y pude imaginármelo fácilmente lanzando ideas brillantes de un lado a otro con sus amigos intelectuales en un café parisino. Véase la lámina 16.

La Teoría de las Catástrofes es un método matemático para describir la evolución de las formas en la naturaleza. Fue inventada por René Thom en 1960. Thom expuso la filosofía que subyace a la teoría en su innovador libro de 1972, *Estabilidad estructural y morfogénesis*, donde demostró que la Teoría de las Catástrofes es aplicable sobre todo cuando fuerzas que cambian gradualmente producen efectos bruscos y repentinos. La extensión de su teoría ha sido aplicada con éxito en las ciencias sociales y biológicas por E. C. Zeeman. Tal como propuso este último, las cosas que cambian de repente y de forma intermitente, con altibajos, se han resistido durante mucho tiempo al análisis matemático. Su método derivaba de la topología de siete "catástrofes elementales". La clave que deduje de este trabajo fue que pequeños cambios en el sistema nervioso autónomo podían tener grandes efectos en el comportamiento, como el ataque y el miedo, y que cuando estos comportamientos podían alterarse a su vez, mediante ligeros cambios, el sistema nervioso autónomo se equilibraba.

Así, pues, en tanto que las cuatro mujeres (Selver, Proskauer, Rolf y Rothenberg) me inspiraron para conectar con mi cuerpo vivo y sensible, Prigogine (junto con Katchalsky) y Thom (junto con Zeeman) me inspiraron en lo académico y científico. Su trabajo me impulsó a realizar un curso de postgrado en química cuántica para ayudarme en el camino. Así aprendí a mantener unidas estas importantes polaridades: por un lado, el mundo sentido y vivido y, por otro, la búsqueda del conocimiento científico y la claridad intelectual. Juntas, su dialéctica apoyó mi desarrollo como científico, clínico, profesor y persona con una misión vital.

Proyecto "Neurona Artificial": Leon D. Harmon

En mi segundo año en la Universidad de Michigan, hacia 1961 o 1962, asistí a una conferencia de un investigador llamado Leon D. Harmon, que trabajaba en los Laboratorios Bell de Murray Hill, Nueva Jersey. En aquella época, en ese laboratorio llevaban a cabo investigaciones puras varios científicos de renombre, algunos ganadores de premios Nobel. Entre ellos figuraba el descubridor del ruido de radiación de fondo del *Big Bang* en el nacimiento del universo, así como los inventores del transistor y el láser.

Los Laboratorios Bell también albergaban a otros científicos puros, como Leon Harmon, un ingeniero eléctrico autodidacta. Harmon había fabricado una pequeña placa de circuito con cinco transistores conectados para simular el comportamiento eléctrico de una sola célula nerviosa llamada neurona. Estos parámetros incluían entradas excitadoras e inhibidoras que representaban el comportamiento analógico de las sinapsis, la conexión química entre neuronas. A continuación, la neurona artificial simulaba también la propagación "todo o nada" de un impulso nervioso a lo largo del axón de la célula. Lo que hizo Harmon fue conectar unas cuantas de estas neuronas artificiales en redes basadas en la neuroanatomía simple de los invertebrados para luego ver si podía predecir nuevos hallazgos fisiológicos. Consiguió hacerlo con éxito para el ojo compuesto del cangrejo herradura del Atlántico (*Limulus polyphemus*). Esta simulación se basaba en los experimentos electrofisiológicos de Michael (Michelangelo) Fuortes y Keffer Hartline, que recibieron el premio Nobel de fisiología por descubrir cómo detectaba los bordes ese ojo simple. Como anécdota, más tarde tuve la oportunidad de visitar tanto a Hartline como a Fuortes, típicos arquetipos de los científicos modestos y generosos que trabajan en el Laboratorio Biológico Marino de Woods Hole, Massachusetts.

La conferencia de Leon Harmon en Michigan tuvo lugar en casa de Spike Tanner, donde, por suerte, yo trabajaba a tiempo parcial. Cuando Harmon terminó de hablar, apenas pude contener mi emoción y de inmediato le hice un sinfín de preguntas; anhelaba, secretamente, y con cada fibra de mi ser, tenerle como mentor y trabajar con él en el modelado de estas redes neuronales; vivir mi vida como estudiante de "neurocibernética". Debo confesar, con algo más que un poco de vergüenza, que por aquel entonces creía, por mis estudios académicos, que nuestros cerebros en sí eran máquinas, aunque complejas, pero máquinas al fin y al cabo. Pensaba que si entendíamos los mecanismos del cerebro, podríamos comprender todos nuestros comportamientos, percepciones e incluso nuestras propias motivaciones. Creía que el cerebro era como una caja negra y que, una vez que supiéramos lo que había dentro de ella, podríamos, al igual que las neuronas artificiales, predecir qué respuesta se produciría ante cualquier estímulo: una clara cadena causal de Estímulo → Caja negra → Respuesta.

Más o menos un mes después de la conferencia recibí una carta sorpresa de los Laboratorios Bell. Mientras corría a mi habitación fuera del campus, la abrí de un tirón, casi rompiéndola en dos. La carta era de Leon Harmon, donde me ofrecía una beca para pasar el verano siguiente trabajando con él en su laboratorio. No solo eso, sino que también iba a recibir un estipendio de 250 dólares al mes para mis gastos de manutención, lo que en aquel momento resultaba bastante idóneo. ¡Me sentía en la gloria! Al final del verano, estaba convencido de que había encontrado el rumbo de mi vida.

Así, unos diez años después de esa beca, empecé a desarrollar la teoría rudimentaria que subyace a mi método evolutivo de sanación del estrés-trauma. Al hacerlo, me enfrenté al dilema entre el concepto de los cerebros humanos como máquinas, o la suma algebraica de sus partes neuronales, frente a la idea de la mente humana como un fenómeno que exhibe un grado de complejidad que no puede predecirse sumando sus componentes individuales. Por aquel entonces me topé con un pequeño libro escrito por el prominente físico Erwin Schrödinger, titulado *¿Qué es la vida?* Su razonamiento era que las leyes de la biología deberían poder explicarse aplicando las leyes fundamentales de la física. Este delicioso ensayo, publicado en 1952, describe una inquietante paradoja, que pareció perseguirle durante toda su vida: en él, se preguntaba por qué la vida biológica parecía, claramente, avanzar hacia niveles superiores de orden, mientras que la segunda ley de la termodinámica de la física predecía el desorden y la desintegración o, en otras palabras, el aumento de la entropía. Para esta desconcertante paradoja, el brillante Premio Nobel de 1933 no encontraba explicación.

Entonces, ¿qué fue lo que impulsó a los sistemas biológicos hacia niveles superiores de orden?

Mi surgimiento

A diferencia de la visión de la caja negra, estímulo-respuesta del cerebro y el comportamiento, la teoría de las propiedades emergentes difiere en aspectos fundamentales. Postula que, en lugar de que un organismo vivo sea solo la suma de sus partes individuales, el todo es mucho mayor que la suma de esas partes. Además, estos organismos se desarrollan orgánicamente según principios de autorregulación y lo que se denominan propiedades emergentes. Los fenómenos emergentes se manifiestan como el resultado de varios componentes del sistema que trabajan juntos de forma no determinista. En otras palabras, los sistemas complejos o conjuntos de tales sistemas exhiben la propiedad de la emergencia, que sus partes individuales no pueden acercarse a predecir.

Un ejemplo interesante de comportamiento emergente procede del meticuloso estudio del biólogo evolucionista E. O. Wilson sobre el comportamiento de las colonias de hormigas. Por sí sola, una hormiga se comporta de forma errática, agitándose sin rumbo con una pequeña ramita en la mandíbula o boca. Es incapaz de hacer nada útil con esa ramita, y solo exhibe movimientos aleatorios y repetitivos simples y "sin sentido", todos ellos sin propósito aparente. La hormiga solitaria es completamente incapaz de corregir y adaptar sus comportamientos a sus propias necesidades o a los cambios del entorno. En asombroso contraste, una colonia de hormigas realiza tareas titánicas, entre ellas, construir colinas de anidamiento y presas con ramitas, tan complejas como las diseñadas por algunos ingenieros humanos, además de buscar y trasladar grandes cantidades de comida y, lo más fascinante, unirse para formar un puente sobre una masa de agua, permitiendo a la hormiga reina sola atravesar con seguridad hasta el otro lado. Todos esos son comportamientos complejos que no se pueden predecir ni remotamente estudiando el comportamiento individual de una sola hormiga o incluso pequeños grupos de hormigas. En este contexto, las propiedades emergentes son los cambios intencionados que se producen en el comportamiento de las hormigas cuando trabajan juntas, en una sinfonía inesperada y maravillosa.

Otro ejemplo de comportamiento emergente procede del estudio del cerebro y del sistema nervioso. La consciencia humana bien podría denominarse una propiedad emergente del sistema nervioso. Al igual que sucede con las hormigas que componen una colonia, ninguna neurona, sinapsis, tracto o incluso núcleo posee información de complejidad suficiente para asemejarse a la autoconsciencia o las emociones humanas. Sin embargo, la suma de todas las neuronas del sistema nervioso genera comportamientos humanos complejos y emociones como el miedo, la tristeza y la alegría, que no pueden atribuirse a una sola neurona o región cerebral. Muchos neurobiólogos coinciden en que las complejas interconexiones entre las partes dan lugar a cualidades que solo pertenecen al todo. En mi tesis doctoral, publicada en 1976, demostré que el sistema nervioso presentaba propiedades y comportamientos complejos que podían representarse mediante la Teoría de Catástrofes, una nueva rama de las matemáticas introducida por René Thom. Por aquel entonces, tuve un sueño:

Estoy caminando hacia lo que parece ser un ascensor en la planta baja de un edificio alto. Hay un tubo, como el foso del ascensor, y dentro hay una gran esfera, en tanto que en su centro hay una puerta. Mientras camino hacia la puerta, se me eriza el vello de la nuca, me doy la vuelta y veo a Leon Harmon detrás de mí, mirándome con una expresión de disgusto y desaprobación. Me siento paralizado; una parte de mí se siente atraído hacia la puerta, pero otra teme ir en contra de Harmon, mi mentor y figura paterna. En ese fatídico momento, atravieso la puerta del ascensor. Me siento a la vez aliviado y aterrorizado y estoy solo. ¿He traicionado a Harmon o él me ha abandonado? ¿O me he abandonado yo?

Al despertar del sueño me imaginé de nuevo situado entre Harmon y el ascensor. Sentí una poderosa atracción; deseaba con desesperación entrar por la puerta, pero también me hacía dar un paso atrás su disgusto. Finalmente, me imaginé entrando en el ascensor y vi cómo se cerraba la puerta, separándonos a los dos para siempre. Mi vida se movía ahora en una dirección muy distinta, de abajo hacia arriba.

Durante los días siguientes, el significado del sueño se fue aclarando cada vez más. Primero me di cuenta de que el edificio era bastante alto y de que el ascensor en el que había entrado estaba en la planta baja, sobre los cimientos del edificio. La imagen del ascensor era una representación del sistema nervioso autónomo, la esfera era los ganglios autónomos, o grupos de cuerpos celulares nerviosos, y el foso del ascensor representaba las vías autónomas que conectan el cerebro y cuerpo humanos. Esta parte del sistema nervioso abarca el mesencéfalo-diencéfalo y el tronco encefálico superior, las regiones cerebrales asociadas a nuestros instintos, así como a la homeostasis, el estado de equilibrio dinámico de nuestros órganos internos. Esta es también la parte del sistema nervioso basada en las sensaciones. Me di cuenta de que las "funciones superiores" del sistema nervioso estaban representadas por los pisos superiores del alto edificio: funciones como el intelecto, la percepción, la moralidad y la creatividad. Sin embargo, lo que mi sueño revelaba era que el edificio descansaba sobre unos cimientos que eran la base de toda la estructura.

Tal y como yo lo entendía, estas funciones superiores eran, en realidad, propiedades emergentes de la base o "nivel inferior" del sistema nervioso autonómico, que alberga nuestros instintos y emociones fundamentales. Mi comprensión sugería que el tronco encefálico, el cerebelo y el sistema nervioso autonómico formaban la base, la llamada parte inferior del sistema nervioso. Y el edificio alto, que representa nuestro intelecto, se alzaba sobre esta matriz básica en el tronco encefálico y el cerebelo, a partir de donde construimos todo lo que sentimos y sabemos sobre nosotros mismos y todo lo que percibimos sobre nuestro mundo. ¿Sentimos que el mundo es, en general, un lugar seguro o solemos percibir amenazas donde no las hay? Estas percepciones conscientes refinadas y complejas también podrían considerarse propiedades emergentes. En cierto modo, se asemejan al comportamiento complejo de las colonias de hormigas. Esto puede tratarse de la consciencia misma, que emerge de los miles de millones de conexiones entre neuronas simples.

En otras palabras, las partes más primitivas del cerebro y del sistema nervioso, como podría representarse el sótano de una casa, dan origen a lo que está arriba, a nuestras percepciones y sentimientos sobre el mundo. Citando de nuevo *El Kybalión*: "Como es arriba, es abajo. Como es abajo, es arriba". En cuanto a mi propia perspectiva, estaba dejando de verme solo como una mente, llevada de un lugar a otro por un cuerpo supuestamente mecánico, para darme cuenta de que tenía un cuerpo sensorial, sintiente, instintivo y conocedor. En palabras de la cantante Dory Previn: "Maldita sea la mente que sube a las nubes en busca de reyes míticos. Y solo lo místico llora por el alma que no se relaciona. Con el cuerpo como un igual. Y nunca aprendí a tocar de verdad ni a sentir las cosas que sienten las iguanas". Aquí, en el cuerpo, en el hogar de las iguanas: ¡ahí es donde quiero vivir!

T. Berry Brazelton

Los hombres antes mencionados fueron importantes mentores intelectuales y académicos. En cambio, mi cuarto mentor, mi favorito, fue un médico sabio, lleno de sentimientos y calidez. Se llamaba T. Berry Brazelton y era conocido en los círculos pediátricos por su desarrollo de la escala neonatal de Brazelton o Test de

Brazelton, muy útil para evaluar el desarrollo neurológico del bebé y su compromiso con los cuidadores. Brazelton también presentó, en 1983, el programa de televisión por cable *What Every Baby Knows*. Era un programa maravilloso, que rara vez me perdía cuando estaba en casa y que mostraba cómo cada bebé es un ser único desde el primer día.

En cierto episodio, Brazelton refirió cómo el padre o la madre y el hijo "se enamoran" el uno del otro. Lo más importante que los padres pueden hacer, propuso, es ayudar a desarrollar el vínculo y el apego. Para ello, hay que observar atentamente al hijo y aprender a interpretar sus necesidades. Yo diría que era otro etólogo, ¡un agudo observador del comportamiento humano!

Puedes ver la esencia y la pasión de este hombre cuando sostiene, mece y acaricia a un bebé mientras se enamoran el uno del otro; y yo no pude evitar enamorarme de Brazelton. Aunque su trabajo fue radical hace más de cincuenta años, su mensaje tan solo era que un bebé ya es un ser humano completo que anhela relacionarse con sus cuidadores y con el mundo. Y a través de una danza alegre, un tango en pareja, los padres y el bebé pueden coparticipar mutuamente en el juego, el reflejo y la emoción.

Mi único contacto con Brazelton fue por correspondencia escrita, a través de la cual compartía el trabajo que estaba desarrollando con bebés y niños que habían sobrevivido a traumas de nacimiento o perinatales, así como a otros traumas infantiles. Se mostró bastante interesado y comprensivo y me envió copias de sus artículos publicados. Hace unos años me concedieron un premio de una vida profesional de logros por mi trabajo con bebés y niños traumatizados y, sin intención de compararme con este gentil gigante, debo admitir que me alegró enormemente ser reconocido por la organización que había concedido a Brazelton el mismo premio años antes. Siempre llevaré en el corazón su bondad y generosidad de espíritu. Brazelton comprendía el valor de la ternura y los cuidados finos que yo no recibí de niño.

Cuando vi por primera vez a Brazelton en televisión, en 1983, algo se retorció en mi corazón. Por un lado sentí como si me hablara directamente de mi pérdida y desesperación de niño. Pero, por otra parte, intensificó mi resistencia a sentir aquella herida primigenia. Su presencia amable y acogedora provocó mi anterior interés reactivo por el conductismo.

Permíteme repasar este interés, que comenzó en mi segundo año en la Universidad de Michigan, en 1962, cuando pude asistir a un seminario de posgrado sobre el condicionamiento operante skinneriano con un joven y prometedor profesor llamado Harlan Lane. Antes de la época de Brazelton, los conductistas dominaban el cuidado de niños y bebés, abordando el tema sin sentimientos, como si se preguntaran cómo educar a un objeto en lugar de un ser humano. Veían al niño simplemente como una cosa a la que había que condicionar con refuerzos positivos o negativos. El conductismo era la teoría según la cual el comportamiento de los animales y los seres humanos podía explicarse en términos de condicionamiento, pero esta teoría no tenía en cuenta los pensamientos ni los sentimientos. Sugería que los trastornos psicológicos se trataban mejor alterando los patrones de conducta del niño mediante métodos de condicionamiento. Paradójicamente, los conductistas creían que el condicionamiento, causante de los problemas, en primer lugar, los resolvería de algún modo (un pensamiento un tanto circular, en el mejor de los casos).

John Watson, el abuelo del conductismo, creía que los niños eran tabulae rasae, o pizarras en blanco, y proclamó: "Entréguenme una docena de bebés sanos... y les garantizo que tomaré a cualquiera al azar y lo adiestraré (en otras palabras, lo condicionaré) para que se convierta en médico, abogado, artista, jefe mercantil y, sí, incluso mendigo y ladrón, independientemente de sus talentos, aficiones, tendencias, habilidades, vocaciones y de la raza de sus antepasados"*. Watson creía que "los niños debían ser tratados como 'pequeños adultos', por lo que les mostraba desapego emocional. Por ello, advertía contra los "peligros inevitables de que una madre proporcione demasiado amor y afecto"[2]. Esta escasez de afecto era, en realidad, la antítesis del consejo cálido y comprensivo de Brazelton a los padres. De hecho, mi propia educación estuvo más o menos moldeada por esa idea de no querer demasiado al niño.

Watson educó a sus hijos según sus principios conductistas. Sin embargo, tres de sus cuatro hijos, Mary, William y James, intentaron suicidarse; William acabó quitándose la vida en 1954, tras un segundo intento. Y hasta ahí llegaron las teorías y prácticas de Watson sobre la crianza de los hijos. Es posible que parte de su visión del mundo fuera el resultado de haberse criado en una granja pobre y desolada de Carolina del Sur, donde fue abandonado por su padre, por lo que probablemente no recibió frecuentes caricias o afecto de su madre.

Siguiendo los pasos de Watson, B. F. Skinner, otro destacado conductista, desarrolló el concepto de "condicionamiento operante". Se trata de la idea de que se puede influir en el comportamiento de un animal con experimentos, permitiéndole manipular un objeto, como una palanca, para obtener una recompensa o recibir un castigo si no pulsa la palanca en el momento adecuado. Durante mi segundo año en la Universidad de Michigan, que comenzó en 1961, se me permitió

---

*Nota: "*Tabula rasa* es la teoría de que los individuos nacen sin contenido mental incorporado y, por tanto, todo el conocimiento procede de la experiencia o la percepción. Sus defensores discrepan de la doctrina del innatismo, que sostiene que la mente ya nace en posesión de ciertos conocimientos". ("Acerca de: *Tabula rasa*", Dbpedia). John Locke fue el primero en utilizar el término *tabula rasa*. En su obra de 1689, *Ensayo sobre el entendimiento humano*, sostiene que la mente es una *tabula rasa*, o pizarra en blanco, que vamos llenando de ideas a medida que nos movemos por el mundo.

participar en un seminario de postgrado de psicología sobre el condicionamiento operante skinneriano. Como proyecto especial entrené a una rata para que llevara a cabo un audaz rescate: Primero condicioné a mi sujeto roedor a empujar un camión de bomberos de juguete con una escalera extendida por el suelo de una "caja Skinner". A continuación, con un refuerzo positivo continuado, condicioné a la rata para que subiera por la escalera, que ahora estaba apoyada en la pared más alejada de la caja. En lo alto de la escalera, sentado en un estrecho saliente bajo una ventana pintada, coloqué un pequeño bebé de plástico. Para aumentar el efecto, pinté unas llamas que salían de la ventana. Por último, condicioné a la rata, paso a paso, para que trepara por la escalera, tomara a la cría con la boca y la bajara con cuidado al suelo.

Para tener éxito, tendría que esperar pacientemente y observar cada movimiento de la rata. A continuación, moldearía su comportamiento dándole una recompensa positiva, algunas golosinas, cuando se acercara a la parte deseada de la caja. Por ejemplo, si estaba en la zona de detrás del camión de bomberos, recibía la primera recompensa. Luego, si por accidente empujaba el camión de bomberos, le daba otra recompensa al instante. Y así sucesivamente, pieza a pieza, hasta que encadené toda la secuencia de empujar el camión, subir la escalera y, por último, "rescatar" al bebé del edificio en llamas. Para el observador ingenuo, esto parecía una secuencia de movimientos inteligentes y con propósito, cuando en realidad era una serie de recompensas fragmentarias y reforzadas. La hercúlea tarea de adiestrar a la rata en la secuencia completa me llevó dos semanas. Cuando por fin demostré mi logro ante la clase, que no podía abrir los ojos más grandes, recibí una gran ovación de la sala llena de estudiantes de pregrado. Entonces, ¿por qué no podía creer en la teoría del condicionamiento después de tan aparente éxito?

Tanto Watson como Skinner creían que se podía alterar o "molzdear" el comportamiento de un bebé, un niño pequeño o un preescolar mediante refuerzos positivos y negativos. En un escalofriante "experimento", Skinner llegó a criar a su propia hija, Deborah, en un artilugio similar a una caja de Skinner; en un artículo de 1945 de la revista *Ladies' Home Journal* aparecía una fotografía de un niño en esta caja. Véase la lámina 17. En el artículo, Skinner dice que cuando nació su segunda hija, Deborah, en 1944, le construyó una especie de cuna que se parecía funcionalmente a una incubadora hospitalaria muy grande. En sí era una caja con una puerta y una ventana de plexiglás para observar al recién nacido.

Skinner llamaba a su invento un "contenedor de bebé" y proporcionó a Deborah un lugar cálido y cómodo para dormir durante los inviernos tan fríos de Minnesota. Skinner y su esposa se centraron más que nada en reducir la cantidad de capas con las que tendrían que envolver a Deborah, no solo para darle más libertad de movimiento sino también para reducir la cantidad de ropa a lavar, así como para evitar que la bebé estuviera expuesta al contacto humano y a que la cargaran. Deborah durmió en esta cuna tipo incubadora diseñada por su padre hasta que cumplió dos años y medio y se ha afirmado que "según todos los indicios, tuvo una infancia y una edad adulta sanas y felices"[3].

Sin embargo, a medida que crecía circularon rumores e historias de que, como consecuencia de haber sido criada en esta caja, sufrió daños psicológicos, por lo que demandó a su padre y más tarde intentó suicidarse. Pero existe un debate considerable sobre la veracidad de estas historias. Al parecer, Deborah negó posteriormente estos rumores y dijo que su padre la quería. Sin embargo, los niños traumatizados suelen mostrar lo que se llama "vínculo de fantasía". En otras palabras, fabrican amor donde no existe solo para sentirse queridos. La única información directa que tengo sobre este tema procede de una de mis compañeras del laboratorio de Neurofisiología de Invertebrados de Berkeley, quien fue la compañera de habitación de Deborah en el Radcliffe College y que me dijo que había entrado y salido de instituciones psiquiátricas. Como no dispongo de más información directa sobre Deborah, dejaré hasta aquí el asunto.

Así, pues, podríamos añadir a la lista de Watson de bebés condicionados, supuestamente "maleables", que más tarde intentaron suicidarse o se suicidaron, a la problemática hija de Skinner, Deborah. A este respecto es útil revisar la terapia de Mira con Jonny, el bebé de la incubadora, al que dejaron solo sin tocarlo ni abrazarlo. Sin embargo, el caso más evidente que cuestiona el enfoque conductista en la crianza infantil es el destino trágico de los hijos de Watson. Así que, como ejercicio experiencial, te insto a que analices la lámina 17 y la lámina 18: observa lo que experimentas en tu cuerpo y en tu mente al mirar cada foto.

La verdad es que tardé décadas en reconocer y deshacer el daño personal de mi propia educación fría, carente de emociones y conductista. Un ejercicio que emprendí a raíz de la calidez acogedora de T. Berry Brazelton fue atreverme a imaginar que recibía alimento en forma de leche caliente con sabor a vainilla que salía de un pecho lleno y acogedor. Practiqué la visualización de esta imagen femenina vivificante y arquetípica durante un año. ¡Más vale tarde que nunca!

Menciones honoríficas a mis dos "hermanos de otras madres"

El mapa podrá no ser el territorio,
pero sin duda alguna te ayuda a desplazarte.

P.A.L.

Stephen Porges

Cuando conocí a Stephen Porges, hacia 1975, me encontraba enseñando mi trabajo de sanación de traumas a un grupo de terapeutas de Berkeley. Steve, en cambio, procedía del asfixiante, ultracompetitivo y a menudo despiadado mundo académico y de la investigación: el complejo académico-industrial.

Él se encontraba de vacaciones de su trabajo en la Universidad de Illinois, para tomarse un año sabático en la Universidad de California, en Los Ángeles. Volé de Berkeley a Los Ángeles y pasamos el día disfrutando de la compañía del otro. ¡Hablando de "*karass*"! En aquel encuentro nos convertimos en cómplices para toda la vida, una unión del "*hippie* de Berkeley" y el académico catedrático. Le conté sobre mis grabaciones de fisiología y mi trabajo de conciencia corporal, y él compartió conmigo una medida de coherencia que había estado desarrollando, llamada "tono vagal", la cual medía el ritmo entre la respiración y la frecuencia cardiaca. Lo que yo había llevado a cabo con tropiezos en mis experimentos con la fogosa estudiante pelirroja en mi laboratorio de Berkeley, él era capaz de medirlo matemáticamente. Pero más emocionante fue que ambos compartíamos la visión de las "propiedades emergentes", una visión que seguiríamos desarrollando durante las siguientes décadas. En pocas palabras, el concepto de emergencia es una forma de caracterizar la vida y su origen, que ofrece una alternativa a las explicaciones reductivas de la vida. Porges continuaría con este tema en 1994, cuando presentó su referente teoría polivagal.

Al relatar nuestro primer encuentro, debo remitirme a los divertidos recuerdos de Stephen sobre lo que ocurrió. Se ofreció a recogerme en el aeropuerto de Los Ángeles, y le dije que llevaría un clavel rojo bien visible en la solapa de mi chaqueta deportiva blanca para que pudiera reconocerme con facilidad. Sin embargo, cuando me vio entre la multitud del aeropuerto, se sorprendió al ver a un excéntrico *hippie* de pelo largo siendo abordado por una joven damisela que le recitaba la versión *hare krishna* del *Bhagavad Gita* mientras proclamaba a voz en grito: "¡Dios te ama y yo te amo!". Al parecer, mi respuesta a esta apasionada declaración fue abrazarla y plantarle un efusivo beso en la mejilla, con la réplica: "¡Yo también te amo!". Ella cambió de dirección y huyó, al parecer angustiada. Steve observó este extraño espectáculo desde la distancia antes de acercarse tímidamente a mí. Con cierta incertidumbre y curiosidad, nos presentamos antes de dirigirnos al campus de la UCLA, iniciando así nuestros cuarenta años de colaboración fraternal.

Al desarrollar de forma metódica y minuciosa la teoría polivagal, que propuso por primera vez en 1994, Porges proporcionó a los terapeutas un mapa claro para seguir los estados internos de sus clientes o pacientes, respondiendo con eficacia a cualquier cambio que se produjera en él. Y a medida que los dos hermanos, de corazón, hemos envejecido, este mapa también nos ha mostrado cómo mantenernos vivos y en contacto con nuestra vitalidad para permitirnos seguir explorando y enseñando. Gracias, hermano, por nuestras vidas compartidas juntos.

Bessel van der Kolk

Mi otro "hermano de otra madre" es Bessel van der Kolk, con quien he mantenido una relación a veces difícil (aunque también genuinamente afectuosa). Cuando nos conocimos, durante una conferencia sobre psicoterapia en el cuerpo, a principios de los noventa en Boulder, Colorado, parecía desdeñoso. Creo que esta actitud defensiva se debía a que, en aquella época, los que participábamos en la conferencia éramos considerados marginales en el campo de la psiquiatría. Sin embargo, en su favor, Bessel exploró poco a poco la posibilidad de que "el cuerpo lleve la cuenta" cuando de traumas se trata, y al hacerlo se arriesgó valientemente a la ira de sus colegas psiquiatras.

Durante varios años, Bessel y yo hicimos presentaciones juntos en el Instituto Esalen, en los parajes salvajes de Big Sur, California. La considero una época emocionante, rica y de colaboración para ambos. Entonces, hacia 2006, decidimos escribir un libro juntos, lo que resultó difícil, pero también un intercambio muy valioso; y cuando estábamos a punto de "estrangularnos" el uno al otro, nos separamos. En 2010 publiqué *En una voz no hablada: Cómo el cuerpo se libera del trauma y restaura su bienestar*. Bessel, a instancias mías y de otros, acabó publicando su *bestseller* del *New York Times*, *El cuerpo lleva la cuenta*. En un giro del destino, sus libros y conferencias, así como los míos, han sacado al cuerpo de los márgenes y lo han introducido en la corriente principal de la psicoterapia. Y, con una humildad y una gracia inesperadas, reconoció que compartía la razón por la que no escribimos juntos nuestro libro. Pero la riqueza de nuestra colaboración (y el afecto genuino) nos inspiró a ambos y juntos enviamos nuestro mensaje a los terapeutas emergentes y experimentados para que pongan el cuerpo en el lugar que merece y lo traten con dignidad y respeto. Gracias, hermano, colega y amigo. Espero que sigamos creciendo y colaborando juntos, empresa que comenzó en nuestras reuniones en Long Pond, cerca de Cabot, Vermont.

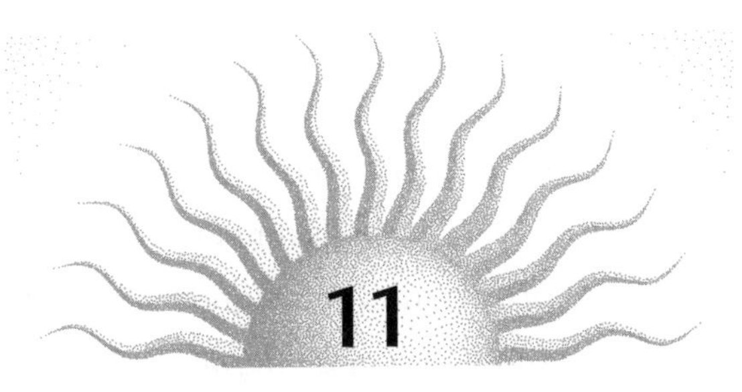

11 Reflexiones de un profeta inesperado

En este momento de mi vida, Somatic Experiencing, el trabajo que desarrollé durante más de cincuenta años, es impartido por unos setenta formadores a más de cincuenta mil terapeutas y sanadores de cuarenta y cuatro países. Así que ahora el peso recae sobre los hombros colectivos de estos muchos formadores en todo el mundo. En efecto, me he quitado una pesada carga de encima. La pregunta es: ¿qué viene después? Tengo un par de libros más en proceso de gestación. Uno lleva el nombre *Trauma and Spirituality: Resilience and the Human Spirit* escrito con mi querida amiga y colega Mariana Bentzen; y el otro, *Healthy Adolescent Sexuality: A Book for Parents and Their Teens.* Este último pienso escribirlo con mi compañera, y amiga de tiempo atrás, Laura Regalbuto.

Durante los últimos veintidós años, Laura y yo hemos estado en la vida del otro. No ha sido una relación de maternidad y paternidad "tradicional", aunque sí hemos gestado mucho juntos, incluido este libro. En muchas cosas hemos estado de acuerdo, mientras que en otras no; pero poco a poco estamos aprendiendo a aceptar esas diferencias. Hemos desarrollado un cariño y un aprecio alimentados por la fuerza y el intelecto del otro y por compartir el arte y la música.

Ha sido en gran medida una relación de aprendizaje y crecimiento. Tanto Laura como yo hemos llegado a comprender lo que es estar en relación, comunicarse, escuchar y ser escuchado; y hemos aprendido que el contacto auténtico consiste en aceptar nuestras diferencias.

Mi intención actual es retirarme poco a poco de la enseñanza, de estar tan presente en el mundo, y "jubilarme". Sin embargo, el destino no parece estar de acuerdo con este plan. De algún modo, independientemente de mi supuesto objetivo, sigo impartiendo clases de postgrado a escala internacional y realizando diversas entrevistas. Me he convertido en un "profeta" inesperado e imperfecto, un extraño en tierra extraña. Espero que al completar esta autobiografía pueda pasar al siguiente capítulo de mi vida, dando la bienvenida a lo que pueda traer. Quizás durante esta próxima fase de transición pueda recibir alguna orientación de Efu.

Efu

Mientras estoy sentado frente a Euphrasia Nyaki, me siento totalmente fascinado por su extraordinaria belleza, su gracia y la fuerza de su amable presencia. Vestida con el colorido atuendo local de su aldea tribal tanzana, irradia una espiritualidad luminosa, cimentada en una autoridad interior terrenal. Véase la lámina 19. Fue encomendada con la tarea de interrogarme para una próxima conferencia internacional y, cautivado por su impactante presencia, respondí a sus preguntas en voz baja. Emprendimos una animada conversación, reforzada por nuestra profunda y auténtica estima mutua.

Efu –ese es su apodo– es una antigua alumna mía. Ahora goza de un merecido respeto como formadora internacional, enseñando el método Somatic Experiencing en muchos países en desarrollo y del primer mundo. El hecho de ser una misionera católica africana no le ha impedido mezclar su medicina tradicional, a base de plantas, con la sabiduría tribal ancestral de su clan *Nyaki* y su trabajo de sanación de traumas. Al fundar el centro de sanación AFYA, en el Brasil subecuatorial, ha ofrecido su espíritu brillante y su vibrante presencia a las heridas de la humanidad y su sanación. Su autoridad es tan rica como sincera. Por cierto, también es una bailarina afrobrasileña asombrosa y magnífica, incluso para el alto nivel de los sensuales y vivaces brasileños.

A mitad de nuestro diálogo, Efu proclamó con firmeza, pero con suavidad: "Peter, ¿te das cuenta de que eres un profeta?". Inquietado por esta subrepticia declaración, me retraje visiblemente y me esforcé por responder. Volvió a decir, aun con más énfasis: "¡Eres un profeta, un profeta para estos tiempos turbulentos, y tienes que asumir ese rol!". Cuando dejé que esta palabra inesperada calara en mi cautelosa reserva, volví a recular con disgusto y dudas. Pero entonces respiré con cautela ante el reto de asumir ese sombrío papel, como Efu me había instruido con tanta insistencia. Estaba claro que la alumna se había convertido en maestra. Las palabras importan, así que la idea de reivindicar esa etiqueta y exponerme así al escarnio me aterraba. Pensé: "¡Qué arrogancia, considerar siquiera que podría tener las cualidades de un profeta!". Recordé el influyente libro del filósofo espiritual Kahlil Gibran, titulado *El profeta*, un volumen delgado aunque repleto de sabiduría poética. Entonces, ¿cómo podría identificarme con este profeta auténtico? Hojeando una edición de bolsillo me encontré con este párrafo:

Incluso vuestro cuerpo conoce su herencia
y sus necesidades legítimas, y no quiere ser engañado.
Y vuestro cuerpo es el arpa de vuestra alma,
Y a vosotros os toca arrancar de ella
música melodiosa o sonidos confusos.

Un escritor sufí anónimo fue aún más sucinto: "El cuerpo es la orilla en el océano del ser". Aunque no seamos conscientes de ello, todos estamos en esa orilla. Esta autobiografía explora la historia personal de mi viaje para aprovechar el cuerpo vivo y conocedor en la sanación y transformación del trauma. Toda mi vida he explorado la pregunta de si podemos hacer surgir una dulce música de nuestros cuerpos a partir de la cacofonía discordante del trauma y he descubierto que, con las herramientas y el apoyo adecuados, ¡la elección es nuestra! Así que, profeta o no, estoy de acuerdo con estos dos sabios místicos sobre la importancia de implicar al cuerpo en la sanación y transformación del trauma.

Quizás estos místicos y yo estemos cortados por el mismo patrón, en el tapiz de la sanación del cuerpo y la mente, y yo no sea más que un hilo de ese maravilloso tejido de comprensión y sabiduría. En tal caso podría calificarme, en pequeña medida, de "cuasi profeta" menor. De cualquier modo, he sido dotado y agraciado con la oportunidad de enseñar algo que llena mi alma de pasión y alimenta un fuego en mi vientre, al tiempo que me permite ayudar a curar las heridas de la humanidad. Este trabajo, debo añadir, me ha dado la retribución adecuada, así como el privilegio de enseñar en algunos de los lugares naturales más gloriosos del mundo.

En cuanto a la palabra "profeta" en sí, decidí pedir consejo lingüístico a Siri. Someramente, me ofreció dos definiciones: "maestro inspirado" y "visionario". ¿Pudiera afirmar, con honestidad, que mi duro trabajo fue lo bastante inspirado como para calificarme de algún tipo de profeta?

Creo que la mayoría de mis alumnos, y muchos lectores de mis libros, sí me consideran un "profesor inspirado". Y, sí, ¡he dedicado toda mi vida adulta a la búsqueda de una visión inspiradora! Además, como la leyenda de Juanito Manzanas, he plantado las semillas de esta visión en cualquier lugar del mundo donde esas ideas pudieran echar raíces y crecer. Me conmueve profundamente saber que, como dije antes, ahora tengo más de setenta formadores internacionales que llevan este trabajo curativo a cuarenta y cuatro países. En verdad han aligerado mi carga y, al hacerlo, me han dado la libertad de escribir este libro y de jugar más, ¡haciendo hincapié en el juego! Ha sido un viaje maravilloso convertirme en un inesperado "cuasi profeta" de la sanación del trauma y, hay que reconocerlo, algo defectuoso. Este viaje no ha sido solitario. Que no se me olvide mencionarlo, pero he recibido gran ayuda de muchos amigos y colegas a lo largo del camino y de mi guía interior.

Durante las semanas posteriores a mi conversación con Efu seguí reflexionando sobre la profundidad de sus palabras y sobre mi persistente y aparentemente inagotable duda. Digerí su desafío y empecé a aceptar poco a poco y con vacilación este solemne manto. La idea de que me ridiculizaran por exceso de arrogancia seguía asustándome. Pero, aun así, he decidido luchar con esta palabra y lo que significa para mí para recuperar parte de la desinhibida *chutzpah*, o valentía, perdida en una infancia de amenazas y miedo. Mi familia soportó años de terror continuo por las amenazas de muerte de la mafia de Nueva York. Cualquier visibilidad pública podía ser letal. Pero quien recorre el tortuoso camino desde el miedo, el terror, la vergüenza y la inseguridad, confinados a los reinos expansivos de la aventura, la creatividad, la sanación e incluso la inspiración, se convierte en una brillante luz en un túnel de oscuridad.

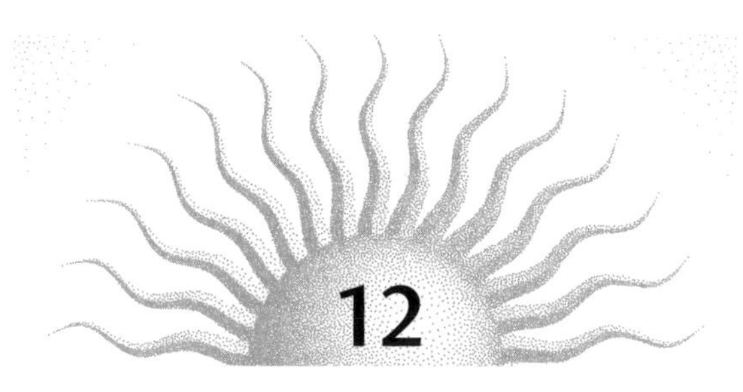

12
Vivir mi muerte

Superar desafíos imposibles con gracia

Solo una persona con una vida no vivida tiene miedo a morir. Una persona que siente que ha vivido su vida como quería, no tiene miedo.

NORMAN O. BROWN (CITADO EN *VIVIR LA PROPIA MUERTE*, DE KELEMAN)

Al escribir este capítulo final me encuentro reflexionando sobre si este es el principio del fin, o el fin del principio... o quizás ambas cosas. Pareciera que estoy viviendo mi muerte mientras vuelvo a conectar con esa esencia vital y entusiasta de mi yo de dos años de edad, que aún albergo. Contemplo las raíces latinas de la palabra "entusiasmo", que viene de *entheos*, que significa "con Dios". Anhelo conectar más a profundidad con ese niño que camina con Dios, jugar y bailar con él y gloriarme en su alegría movediza y espontánea en la vida y en la muerte. Y me pregunto: ¿qué significa mirar a la muerte a la cara en el acto final, no como antes en mis roces con la muerte, o en mis encuentros con la quietud y la nada durante las curaciones traumáticas, sino ese enfrentamiento definitivo; o sea, el final del viaje de esta vida?

Eros y muerte

La energía es la única vida y es del cuerpo,
y la razón es el límite o circunferencia exterior de la energía...
La energía es puro deleite.

WILLIAM BLAKE

Escribir sobre Eros me lleva, vacilante, a un encuentro con mi propia mortalidad. Cuando terminé la sección sobre este tema me pregunté qué vendría después: ¿Cuál es el capítulo final de mi viaje de sanación? Pero entonces me di cuenta de que lo tenía delante de mí. Este viaje vital trata de la unidad soldada de Eros y la muerte. El orgasmo, por ejemplo, se ha comparado con *la petite mort*, o la pequeña muerte. Se trata de una expresión que originalmente significaba "una breve pérdida o debilitamiento de la consciencia". En el uso moderno, sin embargo, se refiere más que nada a "la sensación del postorgasmo comparada con la muerte"; es cuando perdemos momentáneamente la consciencia y caemos en un "olvido extático". En este caso, el orgasmo, *la petite mort*, es tanto una liberación física como una apertura espiritual.

El "desmayo" del orgasmo no es más que una expresión de Eros. Sin embargo, hay caminos más graduales y suaves para expandir la consciencia. Yo mismo he experimentado cómo el Eros puede implicar también una lenta entrega, un poderoso dejarse llevar –junto a la persona elegida– hacia nuestras sensaciones y sentimientos profundos, manteniendo al mismo tiempo la consciencia. Esta práctica tántrica nos permite sentir nuestro cuerpo, al tiempo que mantenemos una conexión con nuestro amante, una unidad basada en el apoyo, la seguridad y el cuidado.

En palabras de William Blake: "La energía es la única vida y procede del cuerpo" y "La energía es puro deleite". Esto transmite la esencia de lo que se siente al habitar un cuerpo vivo que siente y que conoce. Para mí, esta encarnación ha sido la tarea de toda una vida. Una parte de mí protesta porque esto es injusto, porque justo cuando estoy avanzando hacia la plenitud de mi cuerpo me preparo para despojarme de él, en un episodio final. Pero, entonces, me aseguro a mí mismo de que eso no tiene por qué ocurrir de golpe: puede ser una transición gradual, y aún tengo mucha energía y vivacidad para participar en la vida, así que tomo esta "oportunidad única" con franqueza y aceptación.

Por otra parte, sospecho que una de las razones por las que el uso de psicodélicos se ha hecho tan popular es porque también facilitan una entrega al vacío, una "muerte del ego", una renuncia al control. Como mencioné en el capítulo 4, tengo algunas advertencias y precauciones respecto a su uso. Sin embargo, sea cual sea el catalizador, creo que este abrazo a la rendición es lo que significa vivir nuestra muerte.

Hace algunos años tuve, sin esperarlo, mi primer contacto con una "minimuerte". Me habían operado de cataratas en ambos ojos, un procedimiento que se realiza en intervalos que suelen estar separados por dos semanas, para evitar infecciones cruzadas y la posible ceguera. La noche anterior a la segunda operación tuve un sueño: Entraba en un gran salón, donde parecía tener lugar una especie de retiro de meditación. Al entrar vi a una pareja a la derecha, ambos acostados en una gran cama. Le pregunté al maestro qué estaban haciendo, y me dijo que practicaban la "meditación de la muerte". Declaré con entusiasmo que quería hacer lo mismo y, ante tan osada declaración, señaló con severidad, pero compasión, el lado izquierdo del salón y me indicó que fuera allí, donde practicaban los principiantes. Mi ego se desinfló como un globo pinchado. Cuando desperté del sueño, me di cuenta de que tenía que acercarme a la muerte con la mente de un principiante.

Al día siguiente me dirigí al quirófano para la segunda intervención ocular. Sabía que quería un encuentro más consciente con la experiencia de la muerte provocada por la anestesia para esta segunda operación, así que le hice una petición al perplejo anestesista: que contara hacia atrás desde tres y que, cuando llegara a cero, me administrara el Propofol. Recuerdo con claridad haberme disuelto en una "minimuerte", una pacífica entrega a la inexistencia; extrañamente, no sentí miedo. Cuando me desperté en la sala de recuperación, me sentía despejado y concentrado y no presentaba náuseas ni malestar alguno. Y fui muy consciente de mis alrededores, que lucían muy brillantes y claros, como si todo vibrara.

Para mí, este breve encuentro con el Propofol me dio el impulso necesario para profundizar en mi indagación sobre la muerte. Me dolía ser consciente de una ansiedad residual profundamente arraigada que impedía que me asentara a plenitud en mi cuerpo, a fin de conocer la alegría de la energía vital que recorre espontáneamente este recipiente vivo mío. Si no estaba plenamente vivo y habitando por completo mi cuerpo sensible, ¿podría enfrentarme a la muerte? Para esta parte de mi viaje de sanación recurrí a un catalizador muy poderoso, la "Medicina del sapo". Esta sustancia, 5-MeO-DMT, procede de una secreción de una glándula concreta del sapo bufo del desierto de Sonora, o *Bufo alvarius,* y pudiera ser uno de los psicodélicos más potentes. Este catalizador tiene algunos efectos similares a la ayahuasca, sin embargo es más potente. Además, la experiencia central intensa solo dura entre treinta y cuarenta minutos, lo que puede ser una ventaja, aunque es necesario disponer de algunas horas más para integrar tranquilamente un viaje tan poderoso*.

Antes de utilizar esta medicina, sabía que quería elegir un entorno seguro y contenido y tener una intención clara. Puesto que mi ansiedad principal se asociaba a estar solo y sin apoyo, aunada a mi miedo a la muerte, estaba decidido a encontrar un "chamán" resonante y una "partera" que me apoyara de verdad. Encontré esta figura en una mujer maravillosa llamada Raina, una sanadora consumada y una presencia firme que se ofreció a acompañarme mientras me sometía a los efectos de esta poderosa sustancia. Aclaré a mis dos asistentes que quería enfrentarme a todos los demonios internos que pudieran seguir interfiriendo en mi integridad, plenitud y preparación para la muerte.

En el momento en que inhalé la sustancia tomé la mano de Raina, mientras caía tumbado con un antifaz para dormir cubriéndome los ojos. Al principio me pareció perder el conocimiento y caí en un terror indescriptible. Fui llevado directamente al lugar donde estaba atrapado, a la desintegración y aniquilación total.

Entonces, despacio me abrí camino de vuelta desde la tierra de los muertos, desde el submundo de Hades, y encontré mi ruta de regreso a casa. El calor de la mano de Raina y el sutil paisaje sonoro ambiental me permitieron acompasar mi regreso, mientras vagaba por un cementerio y un páramo de restos desecados y fantasmas fosilizados. Fue, sin duda, una "muerte del ego", pues de repente la tierra se abrió en verdes praderas, serpenteantes arroyos, majestuosas montañas y profundos y fértiles valles. Avanzaba en mi búsqueda del conocimiento de la muerte para liberarme del aferramiento a la vida y del apego.

---

*Una vez más, no aconsejo a nadie que pruebe un catalizador tan potente, o cualquier psicodélico, sin una preparación cuidadosa, un guía cualificado con mentalidad psicológica y un seguimiento adecuado.

Primero había utilizado esta sustancia para excavar y enfrentarme a mi terror al abandono experimentado a mis seis meses, ahora me proponía utilizarla como vehículo para encontrarme con la aniquilación de morir. Y, en esa muerte, he encontrado la vida renovada. Quizás este sea el ciclo universal y continuo de "muerte y renacimiento"; a través de la muerte surge la vida renovada.

Una persona sensata podría preguntarse: "¿Por qué querría exponerme a una prueba tan perturbadora y, además, hacerlo en múltiples ocasiones?". La respuesta no es sencilla, ni tampoco lo es particularmente compleja: elegí tomar 5-MeO-DMT porque en el pasado me ha ayudado a volver a un estado de alegría y gracia: a la parte no herida, vital y perenne de mi ser; a la esencia de ese niño encantador e inocente. Véase la lámina 20. Y durante las pocas sesiones a las que me he sometido ha habido una clara progresión hacia delante, fuera de la desencarnación ansiosa, y hacia la plenitud y paz interiores. Mi compromiso con la muerte me ha ayudado a abrirme al otro lado, a una renovada "alegría de vivir" y a una mayor fuerza vital. En la muerte, como he descubierto, hay vida, el ciclo universal de muerte y renacimiento, una vida renovada y accesible.

Se ha dicho que la 5-MeO-DMT es la molécula de Dios, ¡pero no todo es amor y luz! Quizás el físico estadounidense Alfred Romer lo expresó mejor cuando escribió: "He llegado a comprender el significado de la oscuridad. La razón por la que uno debe enfrentarse a su oscuridad y adentrarse en ella no es que pueda volver purificado para enfrentarse a Dios. Uno debe adentrarse en la oscuridad porque es allí donde está Dios"[1]. El poeta sufí Rumi lo dijo a su manera inimitable y recursiva: "Agradece a quienquiera que venga, porque cada uno ha sido enviado como guía desde el más allá"[2]. Registro la sabiduría de estos dos escritores como una estrella polar y brújula orientadora.

Aunque esta parte de mi viaje está incompleta, los pasos que he dado me dan la esperanza de que, cuando llegue la muerte definitiva, podré recibirla con menos miedo. Quizás incluso acoja con satisfacción la comprensión absoluta de que soy: una mota de polvo en este misterioso y continuo ciclo de muerte y renacimiento. Pero antes de ese desprendimiento definitivo, como pueden atestiguar mis amigos, aún me queda mucho por vivir en este plano físicamente encarnado.

A medida que me acerco al final de nuestro viaje compartido, te invito a reflexionar sobre estos capítulos y vías de sanación que me han sido útiles. Te doy las gracias por ser mi testigo en esta aventura, esta exploración del gran misterio de la vida. Así, pues, querido lector, de mi ser al tuyo, te ofrezco la esperanza de que mi viaje de sanación pueda inspirarte a visitar y emprender el tuyo. Confío en que todos tengamos nuestras historias únicas y nuestros viajes interiores que visitar y contar. Espero que te tomes el tiempo necesario para encontrar tu propia voz.

Hay un dicho hebreo, *Tikkun Olam*, que significa "dejar el mundo mejor a como lo encontramos". Espero haber hecho del mundo un lugar mejor y que todos podamos hacer lo mismo. Agradezco esta oportunidad de compartir mi historia contigo. Concluyo con unas palabras de un canto navajo:

Que camines en la belleza...
Que te mantengas erguido en la gracia.

Espero que tú también cuentes tu historia.

Notas

Capítulo 1. Nacido en un mundo de violencia

1. James Hollis, *The Eden Project*, 16.

Capítulo 2. Curar con la ciencia y chamanismo

1. Rainer Maria Rilke, *Cartas a un joven poeta.*
2. Rebecca Frankel, *The Forgotten Jews of the Forest.*
3. C. G. Jung, "Tipos psicológicos", en Obras completas de C. G. Jung, Vol. 6.

Capítulo 8. Muchas culturas, una raza: la humana

1. "Native Worlds, Native Warriors", capítulo 5: "Coming Home", National Museum of the *American Indian*, Sitio web del Instituto Smithsoniano.
2. Aaron Levin, "The Long Journey Home", *American Indian* 21: 3 (2020).
3. John Huston, *A libro abierto.*

Capítulo 9. Las cuatro mujeres más importantes de mi vida

1. Mira Rothenberg, *Children with Emerald Eyes*, 17.
2. Mira Rothenberg, *Children with Emerald Eyes*, 20.
3. Mira Rothenberg, *Children with Emerald Eyes*, 25.
4. Mira Rothenberg, *Children with Emerald Eyes*, 25.
5. Mira Rothenberg, *Children with Emerald Eyes*, 211.
6. Mira Rothenberg, *Children with Emerald Eyes*, 214–15.
7. Mira Rothenberg, *Children with Emerald Eyes*, 211–12.
8. Mira Rothenberg, *Children with Emerald Eyes*, 212.
9. Mira Rothenberg, *Children with Emerald Eyes*, 212.
10. Mira Rothenberg, *Children with Emerald Eyes*, 214.
11. Mira Rothenberg, *Children with Emerald Eyes*, 216.
12. *The Crown*, temporada 3, episodio 1, "Olding", dirigido por Benjamin Caron, escrito por Peter Morgan, Jonathan Wilson y Jon Brittain.

Capítulo 10. Los cuatro hombres más importantes de mi vida

1. René Thom, *Estabilidad estructural y morfogénesis*.
2. "Watson: Behaviorism", *Parenting and Family Diversity Issues*, Iowa State University Digital Press.
3. Nick Joyce y Cathy Faye, "Observation: Skinner Air Crib", *Association for Psychological Science*, sitio web.

Capítulo 12. Vivir mi muerte

1. Alfred Romer citado en Philips, Howes y Nixon, *The Choice Is Always Ours*, 82. Énfasis mío.
2. Jalaluddin Rumi, "La casa de huéspedes".

Bibliografía

Degan, Raz, Director. *El Último Chamán*. Abramorama, 2016. 1 hr., 17 min.

Einstein, Albert. *Relatividad: Teoría Especial y General*. Nueva York: Henry Holt and Company, 1921.

Gibran, Kahlil. *El Profeta*. Madrid, España. Edimat Libros S.A, 2014.

Hollis, James *Eden Project. In Search for the Magical Other.* Toronto: Inner City Books, 1998.

Huston, John. *A libro abierto*. Madrid, España. Espasa-Calpe S.A, 1995.

Jung, C. G. "Psychological Types" en *The Collected Works of C. G. Jung, Vol. 6*. Editado y traducido al inglés por Gerhard Adler y R. F. C. Hull. Princeton: Princeton University Press, 1976.

———. Jung, C. G. "The Transcendent Function", en *The Collected Works of C. G. Jung, Vol. 8*. Editado y traducido al inglés por Gerhard Adler y R. F. C. Hull. Princeton: Princeton University Press, 1976.

Philips, Dorothy Berkley, Elizabeth Boyden Howes y Lucille L. Nixon, eds. *The Choice Is Always Ours: The Classic Anthology on the Spiritual Way*. Rindge, Nuevo Hampshire: Richard R. Smith, 1956.

Prigogine, Ilya. *Introducción a la Termodinámica de los Procesos Irreversibles*. Traducción de M.G Velarde y A. Soilan Lorenzo. Madrid, España, *Selecciones Científicas*, 1974.

Rebecca Frankel, *The Forgotten Jews of the Forest*, New York Times, 4 de septiembre de 2021.

Rilke, Maria Rainer. *Cartas a un joven poeta*. Traducción de Antoni Pascual y Piqué Bernad. Madrid, España, Ediciones Obelisco, 1962.

Rothenberg, Mira. *Children with Emerald Eyes: Histories of Extraordinary Boys and Girls*. Berkeley, California: North Atlantic Books y Lyons, Colorado: Instituto Ergos, 2002.

Schrödinger, Erwin. Erwin. *What Is Life?: With Mind and Matter & Autobiographical Sketches*. Cambridge, Reino Unido: Cambridge University Press, 2012.

Sinnett, A. P. *Budismo esotérico*. Traducción de Basilio Norberto Tucci Romero. Madrid, España: Editoriales Librería Argentina, 2011.

Thom, René. *Structural Stability and Morphogenesis: An Outline of a General Theory of Models*. Traducido al inglés por D. H. Fowler. Reading, Massachusets: W. A. Benjamin, 1975.

Todd, Mabel E. *The Thinking Body: A Study of the Balancing Forces of Dynamic Man*. Highstown, Nueva Jersey: Princeton Book Company, 1959.

van der Kolk, Bessel, M.D., *The Body Keeps the Score: Brain, Mind, and Body in the Healing of Trauma*. Nueva York: Viking, 2014.

Vonnegut, Kurt. *Cuna de gato*. Traducción de Miguel Temprano García. Barcelona, España: Blackie Books, 1994.

Otros libros de Peter A. Levine

Curar el Trauma: Un programa pionero para restaurar la sabiduría de tu cuerpo

Sexual Healing: Transforming the Sacred Wound

En una voz no hablada: Cómo el cuerpo se libera del trauma y restaura su bienestar.

Trauma y memoria: Cerebro y cuerpo en busca del pasado vivo: una guía práctica para comprender y trabajar la memoria traumática.

Con Maggie Klein, Ph. D.

Tus hijos a prueba de traumas: Una guía parental para infundir confianza, alegría y resiliencia.

El trauma visto por los niños: Despertar el milagro cotidiano de la curación, desde la infancia hasta la adolescencia.

Con Maggie Phillips, Ph. D.

Libre de dolor: Descubre el poder de tu cuerpo para superar el dolor físico.

Acerca del método Somatic Experiencing (SE)

El método Somatic Experiencing es un enfoque naturalista y neurobiológico orientado al cuerpo para curar el trauma y otros trastornos por estrés. El enfoque SE libera el shock traumático y restablece la conexión, que es clave para transformar el TEPT y las heridas del trauma emocional y del apego temprano del desarrollo. Ofrece un marco para evaluar dónde está "atrapada" una persona en las respuestas de lucha, huida o congelación, y ofrece herramientas clínicas para resolver estos estados fisiológicos fijados y restaurar el yo auténtico con autorregulación, relajación, integridad y vitalidad.

Los seres humanos tienen una capacidad innata para superar los efectos de diversos traumas. El enfoque SE facilita la finalización de las respuestas motrices autoprotectoras y la liberación de la energía de supervivencia frustrada ligada al cuerpo y al sistema nervioso, abordando así la causa raíz de los síntomas traumáticos. Esto se aborda guiando sutilmente a los pacientes para que desarrollen una tolerancia cada vez mayor a las sensaciones corporales difíciles y a las emociones reprimidas, aumentando su capacidad de consuelo y resiliencia.

El doctor Levine cree que el acontecimiento traumático no es lo que causa el trauma duradero, sino la abrumadora respuesta atrapada ante una amenaza vital percibida que provoca un desequilibrio del sistema nervioso. El objetivo del método Somatic Experiencing es ayudar a acceder a la "memoria corporal" (memoria procedimental) del suceso, no a la historia. No es necesario compartir los detalles de tu historia traumática para hacer SE; el objetivo es difuminar el poder de la narración y remodelar la memoria corporal para recuperar la vitalidad y la fluidez. En el libro *En una voz no hablada*, el doctor Levine escribió que el trauma no es solo lo que nos ocurrió, sino lo que guardamos dentro en ausencia de un otro presente y empático.

Al igual que otros enfoques de la psicología somática, el método Somatic Ecperiencing se concentra **en el cuerpo**, para tratar los síntomas problemáticos (y a menudo físicos) del trauma. Ayuda a las personas a crear nuevas experiencias en sus cuerpos, que contradigan las de tensión e impotencia abrumadora, lo que significa que la sanación no consiste en recuperar recuerdos o cambiar nuestros pensamientos y creencias sobre cómo nos sentimos, sino en explorar las sensaciones que subyacen a nuestros sentimientos y creencias, así como a nuestras pautas de comportamiento habituales.

Los programas de formación en SE están diseñados para que puedan acceder a ellos psicólogos, psicoterapeutas, psicoanalistas, psiquiatras, trabajadores sociales, orientadores, especialistas en tratamientos de adicciones, trabajadores corporales, osteópatas, terapeutas ocupacionales, fisioterapeutas, médicos, enfermeros, acupuntores, dentistas, instructores de yoga, profesores de meditación, terapeutas artísticos, equinoterapeutas, *life coaches*, primeros intervinientes, funcionarios de prisiones, educadores, clérigos, asesores espirituales y proveedores de apoyo a niños y personas con necesidades especiales.

Los profesionales del método Somatic Experiencing (PSE) se dedican al procesamiento ascendente de base somática al iniciar el viaje de sanación de sus pacientes. Estos profesionales tienen experiencia en diversas modalidades y psicoterapias, por lo que puedes encontrar uno especializado en otros tratamientos de interés, como TCC, psiquiatría, terapia craneosacral, trabajo corporal o equinoterapia, por nombrar algunos. Los profesionales del método que han seguido nuestra formación integran el trabajo de SE en sus otras prácticas para crear una experiencia curativa completa. Para realizar la formación debes estar aprobado y presentar qué otras modalidades de sanación utilizas en tu consulta.

Recuerda que no hay dos profesionales del método similares y que nuestros sistemas nerviosos no son todos iguales. Te recomendamos que experimentes con unos cuantos y veas con quién resuenas mejor.

Para más información, visita:
www.somaticexperiencing.com
www.traumahealing.org